Jules Laforgue

Moralités
légendaires

Copyright © 2022 by Culturea
Édition : Culturea 34980 (Hérault)
Impression : BOD - In de Tarpen 42, Norderstedt (Allemagne)
ISBN : 9782382744994
Dépôt légal : Septembre 2022
Tous droits réservés pour tous pays

À Teodor de Wyzewa

La reine de Saba à Saint-Antoine : – Ris donc, bel ermite !
Ris donc, je suis très gaie, tu verras ! Je pince de la lyre,
je danse comme une abeille et je sais une foule d'histoires
toutes à raconter plus divertissantes les unes que les
autres.
GUSTAVE FLAUBERT

Hamlet
OU LES SUITES DE LA PIÉTÉ FILIALE

C'est plus fort que moi.

De sa fenêtre préférée, si chevrotante à s'ouvrir avec ses grêles vitres jaunes losangées de mailles de plomb, Hamlet, personnage étrange, pouvait, quand ça le prenait, faire des ronds dans l'eau, dans l'eau, autant dire dans le ciel. Voilà quel fut le point de départ de ses méditations et de ses aberrations.

Latour où, depuis l'irrégulier décès de son père, le jeune prince s'est décidément arrangé pour vivre, se dresse en lépreuse sentinelle oubliée, au bout du parc royal, au bord de la mer qui est à tous. Ce coin de parc est le cloaque où l'on jette les détritus des serres, les décatis bouquets des galas éphémères. La mer est le Sund, aux flots sur qui on ne peut faire fonds, avec la côte de Norvège en vue ou la ville d'Helsingborg, ce nid de l'indigent et positif prince Fortimbras.

L'assise de la tour où le jeune et infortuné prince s'est décidément arrangé pour vivre, croupit au bord d'une anse stagnante où le Sund s'arrange aussi pour envoyer moisir le moins clair de l'écume d'épaves de ses quotidiens et impersonnels travaux.

Ô pauvre anse stagnante ! Les flottilles des cygnes royaux à l'œil narquois n'y font guère escale. Du fond vaseux de paquets d'herbages, là, montent, aux pluvieux crépuscules, vers la fenêtre de ce prince si humain, les chœurs d'antiques ménages de crapauds, râles glaireux expectorés par de catarrheux vieillards dont un rien de variation atmosphérique dérange les rhumatismes ou les gluantes pontes. Et les derniers remous des bateaux laborieux viennent troubler à peine, non plus que les perpétuelles averses, la maladie de peau de ce coin d'eau mûre, oxydée d'une bave de fiel balayée (comme de la malachite liquide), cataplasmée çà et là de groupes de feuilles plates en forme de cœur autour de rudimentaires tulipes jaunes, hérissée çà et là de maigres bouquets de jonc fleuris de frêles ombelles semblables, entre parenthèses, à la fleur de la carotte dans nos climats.

Ô pauvre anse ! Crapauds chez eux, floraisons inconscientes. Et pauvre coin du parc ! bouquets dont les jeunes femmes se débarrassèrent comme minuit tintait. Et pauvre Sund ! flots abrutis par les autans inconstants, nostalgies bornées par les bureaux très quotidiens du Fortimbras d'en face !
…

1

C'est pourquoi (sauf orages) ce coin d'eau est bien le miroir de l'infortuné prince Hamlet, en sa tour paria, en sa chambre aux deux fenêtres vitrées de jaune, dont l'une montre en gris souillé les ciels, le large, et l'existence sans issue, et l'autre est ouverte à la plainte perpétuelle du vent dans les hautes futaies du parc. Pauvre chambre tiraillée ainsi au sein d'un inguérissable, d'un insolvable automne ! Même en juillet, comme aujourd'hui. C'est aujourd'hui le 14 juillet 1601, un samedi ; et c'est demain dimanche, dans le monde entier les jeunes filles iront ingénument à la messe.

Aux murs, une douzaine de vues du Jutland, tableaux impeccablement naïfs, commandés jadis à un peintre aux galères, et dont chaque pièce du château utilise ainsi sa bonne douzaine. Entre les deux fenêtres, deux portraits en pied ; l'un Hamlet, en dandy, un pouce passé dans sa ceinture de cuir brut, le sourire attirant du fond d'une pénombre sulfureuse ; l'autre, son père, bardé d'une belle armure neuve, l'œil coquin et faunesque, feu son père le roi Horwendill, irrégulièrement décédé en état de péché mortel et dont Dieu ait l'âme selon sa miséricorde bien connue. Sur une table, dans le jour d'insomnie des vitres jaunes, un laboratoire d'aqua-fortiste irrémédiablement rongé de sales oisivetés. Un fumier de livres, un petit orgue, une glace en pied, une chaise longue ; et un buffet à secret (il a peur d'être empoisonné, depuis le louche décès de son père). Dans la chambre à coucher, près du lit, un gothique édicule en fer forgé d'où un jeu de clefs peut faire surgir deux statuettes de cire, Gerutha, mère de Hamlet, et son mari d'aujourd'hui, l'usurpateur adultère et fratricide Fengo, tous deux modelés d'un pouce plein de verve vengeresse et le cœur puérilement percé d'une aiguille, la belle avance ! Au fond de l'alcôve, un appareil à douches, hélas !

De noir vêtu, la petite épée au côté, coiffé de son *sombrero* de noctambule, Hamlet, accoudé à la fenêtre, regarde le Sund, le large et laborieux Sund coulant son train ordinaire de flots quelconques, attendant le vent et l'heure de batifoler magistralement avec les pauvres barques des pêcheurs (seul sentiment dont la fatalité qui pèse sur eux les laisse capables).

Après le ciel d'hier, et en attendant celui de demain, aujourd'hui gros ciel blafard, pas bien soulagé par la récente ondée, mais promettant un beau dimanche pour demain. Et c'est déjà le crépuscule ; un de ces crépuscules comme les Chroniques du temps nous en rapportent avec une émotion si peu jouée ; et les bruits de la ville d'Elseneur, qu'un vaste bassin sépare des domaines royaux, qui commence à disperser et noyer ses rumeurs de jour de marché vers les tavernes.

– Ah ! me la couler douce et large comme ces flots, soupire Hamlet. Ah ! de la mer aux nuées, des nuées à la mer ! et laisser faire le reste…

Et il emballe l'heureux panorama inconscient d'un geste *ad hoc*, et il divague ainsi :

– Ah ! que je fusse seulement poussé à m'en donner la peine !... Mais tout est si précieux de minutes et si fugace ! et rien n'est pratique que se taire, se taire, et agir en conséquence... – Stabilité ! Stabilité ! ton nom est Femme... J'admets bien la vie à la rigueur. Mais un héros ! Et d'abord, arriver domestiqué par un temps et des milieux ! est-ce une bonne et loyale guerre pour un héros ?... Un héros ! et que tout le reste fût des levers de rideau !... – Moi, si j'étais une jeune fille bien, je ne permettrais qu'à un pur héros de poser ses lèvres sur ma destinée ; un héros dont on pourrait citer les hauts-faits au besoin, ou les formules... Ah ! par ce temps de *danno* et de *vergogna*, comme dit Michel-Ange (cet homme supérieur à tous nos Thorwaldsen), il n'y a plus de jeunes filles ; toutes des gardes-malades ; j'oublie les petites poupées adorables mais, hélas ! incassables, les vipères et les petites oies à duvet pour oreillers. – Un héros ! Ou simplement vivre. Méthode, Méthode, que me veux-tu ? Tu sais bien que j'ai mangé du fruit de l'Inconscience ! Tu sais bien que c'est moi qui apporte la loi nouvelle au fils de la Femme, et qui vais détrônant l'Impératif Catégorique et instaurant à sa place l'Impératif Climatérique !...

Le prince Hamlet en a comme ça long sur le cœur, plus long qu'il n'en tient en cinq actes, plus long que notre philosophie n'en surveille entre ciel et terre ; mais il est en ce moment particulièrement agacé par l'attente de ces comédiens qui n'arrivent pas et sur lesquels il compte si tragiquement ; outre qu'il vient de réduire en morceaux les lettres d'Ophélie disparue depuis la veille, lettres écrites, par une manie de petite parvenue, sur du papier de Hollande bis si récalcitrant à déchirer que les doigts de Hamlet lui en cuisent encore furieusement. Ah ! misère, et petits faits !...

– Où peut-elle bien être, à cette heure ? Sans doute chez des parents à la campagne. Elle saura bien revenir ; elle connaît le chemin. Elle ne m'eût d'ailleurs jamais compris. Quand j'y songe ! Elle avait beau être adorable et fort mortellement sensitive, en grattant bien on retrouvait l'anglaise imbue de naissance de la philosophie égoïste de Hobbes. « Rien n'est plus agréable dans la possession de nos biens propres que de penser qu'ils sont supérieurs à ceux des autres », dit Hobbes. C'est ainsi qu'Ophélia m'eût aimé, comme son bien », et parce que j'étais socialement et moralement supérieur aux « biens » de ses petites amies. Et les menues phrases qui lui échappaient, aux heures où l'on allume les lampes, sur le bien-être et le confort ! Un Hamlet confortable ! Ah, malheur ! Grâce au moins pour mon ange gardien sinon pour moi ! – Ah ! s'il me venait par un soir pareil, dans ma tour d'ivoire, une sœur, mais cadette, de cette Hélène de Narbonne qui sut aller conquérir à Florence son adoré Bertrand, comte de Roussillon, bien que connaissant son mépris pour elle !... – Ophélie, Ophélie, chère petite glu, reviens, je t'en supplie ; je n'y reviendrai plus. – Tout de même, mon cher, et tout Hamlet

que nous sommes, nous faisons parfois une cordiale crapule. Suffit. – Ah !
les voici.

À gauche, sur les berges d'Elseneur, il aperçoit (qui n'a entendu parler
de ses étonnants yeux d'hirondelle de mer ?) un attroupement qui ne peut
être que ces comédiens.

Le passeur dans son large bachot les embarquait ; un roquet aboyait à ces
oripeaux ; un gamin s'était arrêté de faire des ricochets. Un de ces messieurs,
très drapé, prit comme le passeur, et du geste d'un qui s'encanaille pour
divertir la compagnie, une paire de rames, et l'on cingla vers… Des index
tendus indiquaient le Château, une des dames laissait pendre un bras nu au
fil de l'eau ; et les abois, les rires, les voix, arrivaient clarifiés comme à
l'aquarelle. Il y avait certes là l'étoffe d'un beau soir au XVIIᵉ siècle.

Hamlet quitte la fenêtre, et, s'installant devant une table, se met à
feuilleter deux cahiers minces.

– Voilà, pourtant ! Mon sentiment premier était de me remettre l'horrible,
horrible, horrible évènement, pour m'exalter la piété filiale, me rendre la
chose dans toute l'irrécusabilité du verbe artiste, faire crier son dernier cri
au sang de mon père, me réchauffer le plat de la vengeance ! Et voilà
(ὦΠόθος τού εἶναι) ! je pris goût à l'œuvre, moi ! J'oubliai peu à peu
qu'il s'agissait de mon père assassiné, volé de ce qu'il lui restait à vivre
dans ce monde précieux (pauvre homme, pauvre homme !), de ma mère
prostituée (vision qui m'a saccagé la Femme et m'a poussé à faire mourir
de honte et de détérioration la céleste Ophélie !), de mon trône enfin ! Je
m'en allais bras-dessus bras-dessous avec les fictions d'un beau sujet. Car
c'est un beau sujet ! Je refis la chose en vers iambiques ; j'intercalai des
hors-d'œuvre profanes ; je cueillis une sublime épigraphe dans mon cher
Philoctète. Oui, je fouillais mes personnages plus profond que nature ! Je
forçais les documents ! Je plaidais du même génie pour le bon héros et le
vilain traître ! Et le soir, quand j'avais rivé sa dernière rime à quelque tirade
de résistance, je m'endormais la conscience toute rosière, souriant à des
chimères domestiques, comme un bon littérateur qui, du travail de sa plume,
sait soutenir une nombreuse famille ! Je m'endormais sans songer à faire
mes dévotions aux deux statuettes de cire et leur retourner leur aiguille dans
le cœur ! Ah, cabotin, va ! Voyez le petit monstre !

Et le jeune et insatiable prince court se jeter à genoux devant le portrait
de son père dont il baise les pieds sur la toile froide.

– Pardon ! Pardon, n'est-ce pas, père ? Au fond tu me connais…

Et se relevant, et ne pouvant esquiver cet œil paternel, toujours et quand
même clignant en dessous d'un air royalement faunesque.

– D'ailleurs, tout est hérédité. Soyons médical et nature, et nous finirons
par y voir clair.

4

Il revient s'asseoir devant ses cahiers, qu'il couve aussi d'un œil royalement faunesque.

– C'est égal, il y a de belles pages là-dedans, et si les temps étaient moins tristes !... Ah ! que ne suis-je un simple clerc à Paris, montagne Sainte-Geneviève où fleurit en ce moment une école de néo-Alexandrins ! Un simple petit bibliothécaire dans cette brillante cour des Valois ! Au lieu de ce château humide, de cet antre à chacals et à grossiers personnages, où l'on n'est même pas sûr de sa peau !...

On vient de frapper deux coups d'une clef d'or sur le marteau d'argent de la porte. Un valet entre.

– Les deux étoiles de cette troupe sont là, selon les ordres de votre Altesse.

– Qu'elles entrent.

– Et puis, sa Majesté la reine demande si son Altesse persiste à vouloir faire donner le spectacle ce soir-même.

– Crûment ! Et pourquoi pas ?

– C'est que, son Altesse ne l'ignore pas, l'enterrement du lord chambellan Polonius a lieu aussi ce soir, tout à l'heure.

– Eh bien ! En voilà des considérations ! Les uns jouent, tandis que les autres rentrent dans la coulisse, voilà tout. Et l'Idéal se sélecte quand même son petit maximum tous les soirs, va, mon pauvre vieux.

Le valet s'efface, et, derrière la révérence des deux étoiles annoncées, ferme la porte.

– Entrez, mes frères. Asseyez-vous là et prenez des cigarettes. Voici du Dubeck et voci du *Bird's-eye*. C'est sans façon, chez moi. Comment t'appelles-tu, toi ?

– William, riposte le jeune premier en pourpoint à crevées encore poudreuses.

– Et vous, ma jeune dame ? (Oh ! mon Dieu, comme elle est belle ! Encore des histoires !...)

– Ophélia, résume celle-ci, dans une sorte de sourire boudeur, un sourire douteux à s'en tordre de malaises, si maléfique, que le jeune prince doit éclater pour faire diversion.

– Comment ! encore une Ophélia dans ma potion ! Oh ! cette usurière manie qu'ont les parents de coiffer leurs enfants de noms de théâtre ! Car Ophélia, ce n'est pas de la vie çà ! Mais de pures histoires de planches et de centièmes ! Ophélia, Cordélia, Lélia, Coppélia, Camélia ! Pour moi, qui ne suis qu'un paria, n'auriez-vous pas un autre nom de baptême (de Baptême, entendez-vous !) pour l'amour de moi.

– Si, Seigneur, je m'appelle Kate.

– À la bonne heure ! Et comme ça vous sied mieux ! Que je vous baisotte les mains, ô Kate ! pour cette étiquette.

Il se lève lui-même, et va la baiser au front, longuement, à son front de Kate, dont il se détourne brusquement pour aller à la fenêtre cacher un instant son visage dans ses mains.

William fait signe à sa camarade :

– Hein ? On ne nous avait pas trompés. Il l'est.

– Est-ce possible ? répondent, de toute leur mansuétude bleue, les yeux de Kate que, v'lan, rencontre Hamlet en revenant à sa place.

Hamlet hausse flatteusement les épaules.

– Eh bien, mes enfants, trêve de culs-de-lampe. Et qu'apportez-vous en fait de répertoire ?

– Nous avons *Les Joyeuses Commères de Saint-Denis Le Docteur Faustus, L'Apologue de Ménénius Agrippa, Le Roi de Thulé.*,

– Vous me direz le reste après-demain, au débotté. Tout ça c'est des belles conceptions, mais pas des conceptions immaculées comme les miennes. Pour ici, et pour ce soir, vous allez secrètement mettre à l'étude le drame que voici. Vous en serez d'ailleurs royalement récompensés. C'est un drame de moi. Il ne demande que trois principaux rôles. Il y a un roi, il s'appelle Gonzago, et une reine, Baptista ; cela se passe à Vienne. La reine a des relations adultères et conspiratrices avec son beau-frère Claudius. Une après-midi, le roi fait sa sieste, cuve ses péchés en fleur sous la tonnelle ; la reine feint d'éplucher austèrement des fraises pour le réveil de son époux. Survient Claudius. Les deux complices échangent un baiser silencieux, puis ils font fondre du plomb dans une cuiller et le versent délicatement dans l'oreille du roi.

– Quelle horreur ! laisse échapper Kate dans un sourire mourant en bouderie.

– N'est-ce pas ? horrible ! horrible ! horrible !… Nous disons donc, ils versent le plomb fondu (ce pâle liquide !) ; le pauvre roi Gonzago trépasse dans des convulsions… horribles, horribles ; et en état de péché mortel, notez bien. Claudius, alors, lui enlève sa couronne, s'en coiffe et offre le bras à la veuve. La conséquence en est que, en dépit des plus fâcheux pronostics, William fera Claudius, et Kate la reine, deux jolis monstres, ma foi.

– C'est que… hésite Kate.

– C'est que, déclare William, notre habitude, à ma camarade et à moi, est de n'incarner que des rôles sympathiques, de préférence.

– Sympathiques ? Tas de brutes ! Et sur quoi pouvez-vous jurer qu'un être est sympathique, ici-bas ? Et puis, et le Progrès, alors ?

– Nous sommes aux ordres de notre gracieux seigneur.

– Voici le manuscrit, William, je vous le confie, n'allez pas l'égarer ; sans blague, j'y tiens. Préparez ça gentiment pour ce soir. Maintenant, vous voyez, tout ce que j'ai marqué au crayon rouge-sang-de-bœuf, devra être lancé et souligné ; et tout ce qui est compris dans une accolade au crayon bleu, vous pouvez le supprimer comme trop épisodique, bien qu'au fond... enfin, par exemple, tous ces couplets-ci :

> « *Un cœur rêveur par des regards*
> *Purs de tout esprit de conquête !*
> *Je suis si exténué d'art !*
> *Me répéter, quel mal de tête !...*
> *Ô lune de miel,*
> *Descendez du ciel !* »

Et ceci :

> « *Ô petite âme brave,*
> *Ô chair fière et droite, C'est moi que j'convoite*
> *D'être votre esclave.* »

– Tiens, mais, c'est ce que c'est charmant ! laissent échapper William et Kate se regardant.

– Je vous crois. Ah ! si les temps étaient plus propres !... Et ceci :

> « *Oh ! cloître-toi ! L'amour,*
> *l'amour S'échange, par le temps qui court,*
> *Simple et sans foi comme un bonjour.* »

– C'est en effet bien curieux, assure l'acteur.

Et Hamlet, prince de Danemark et créature infortunée, exulte !

– Et cette délicieuse ronde :

> « *Il était un corsage,*
> *Et ron et ron petit pa ta pon,*
> *Il était un corsage*
> *Qui avait tous ses boutons...* » etc.

Et cætera, et cætera ! – Enfin, mon sort aura été bien étrange !... Mais ceci, n'allez pas le supprimer, c'est le chant de triomphe de l'usurpateur Claudius ; ça se chante sur l'air « *Pressentiments trompeurs !...* » vous savez ?

> « *Je suis en mesure*
> *De prouver que Dieu*
> *Fera les doux yeux*
> *À cette aventure !* »

Allons, c'est entendu. Voici le manuscrit, je vous le reconfie, mon cher William. D'ailleurs le spectacle ne commence qu'à dix heures, et j'irai, un peu avant, voir dans vos coulisses comment ça marche. En attendant, vous ne voudriez pas que je vous objurgasse d'accepter ceci ?

Les deux étoiles empochent et sortent à reculons.

William déclame en sourdine à sa camarade :

> *La démence est partout ; et, sans cérémonie*
> *Frappe l'humble marchand ou l'acteur de génie,*
> *Et la garde qui veille aux portes du palais*
> *N'en défend pas Hamlet.*

– Pauvre jeune homme !… soupire angéliquement Kate, et c'est qu'il n'a pas du tout l'air dangereux…

Hamlet, homme d'action, perd cinq minutes à rêver devant son drame maintenant en bonnes mains. Et puis il s'exalte :

– Ça y est. Le sieur Fengo va comprendre. À bon entendeur, salut ! Et je n'aurai plus qu'à agir, qu'à signer ! Agir ! Le tuer ! Lui faire rendre gorge de sa vie ! Tuer !… Hier je me suis fait la main en tuant Polonius. Il m'espionnait, caché derrière cette tapisserie qui représente *Le Massacre des Innocents.* Ah ! ils sont tous contre moi ! Et demain Laërtes et après-demain le Fortimbras d'en face ! Il faut agir ! Il faut que je tue, ou que je m'évade d'ici ! Oh ! m'évader !… Ô liberté ! liberté ! Aimer, vivre, rêver, être célèbre, loin ! Oh ! chère *aurea mediocritas !* Oui, ce qui manque à Hamlet, c'est la liberté. – Je ne demande rien à personne, moi. Je suis sans ami ; je n'ai pas un ami qui pourrait raconter mon histoire, un ami qui me précéderait partout pour m'éviter les explications qui me tuent. Je n'ai pas une jeune fille qui saurait me goûter. Ah ! oui, une garde-malade ! Une garde-malade pour l'amour de l'art, ne donnant ses baisers qu'à des mourants, des gens in-extremis, qui ne pourraient par conséquent s'en vanter ensuite. – Et au fond, dire que j'existe ! Que j'ai ma vie à moi ! L'éternité en-soi avant ma naissance, l'éternité en-soi après ma mort. Et passer ainsi mes jours à tuer le temps ! Et la vieillesse qui vient, la vieillesse hideuse, révérée et vénérée des jeunes filles, des hypocrites et routinières jeunes filles. Je ne puis piétiner ainsi, anonyme ! Et laisser des *Mémoires,* ça ne me suffit pas. Ô Hamlet ! Hamlet ! Si l'on savait ! Toutes les femmes viendraient sangloter sur ton divin cœur, comme jadis elles venaient sangloter sur le corps d'Adonis (avec des siècles de civilisation en plus). – Bah, qu'est-ce que ma biographie leur ferait, avec leur pain de chaque jour et les amours et les décès autour ? Oui, sans doute, un instant, sur la scène, après-dîner ; mais, dès rentrés chez eux ! … – Les hommes et les femmes, par couples, admireront mes scrupules d'existence, mais ne les imiteront nullement et n'en auront pas plus honte pour cela, entre eux, d'homme aimé à femme aimée, dans leurs foyers. Plus tard, on m'accusera d'avoir fait école ! Et si je nommais, moi, mon sacré Maître, mon universel Maître ! – Pourtant, ah ! comme je suis seul ! Et, vrai, l'époque n'y fait rien. J'ai cinq sens qui me rattachent à la vie ; mais, ce sixième sens, ce sens de l'Infini ! – Ah, je suis jeune encore ; et tant que je jouirai de cette excellente santé, ça ira, ça ira. Mais la Liberté ! la Liberté !

Oui, je m'en irai, je redeviendrai anonyme parmi de braves gens, et je me marierai pour toujours et pour tous les jours. Ç'aura été, de toutes mes idées, la plus hamlétique. Mais ce soir, il faut agir, il faut s'objectiver ! En avant par-dessus les tombes, comme la Nature !

Hamlet descend de sa tour, enfile un long corridor tapissé de monotones vues du Jutland (auxquelles il lance en passant des crachats héroïques), puis tourne par un palier où les deux hallebardiers de faction ont à peine le temps de le reconnaître et de se mettre au port d'arme ; d'autres, sur les banquettes, jouent aux osselets ; Hamlet leur crie en passant : *Sustine et abstine !* Liberté, liberté ! et, sifflotant, il descend encore un escalier, et se trouve sous le péristyle de sortie, devant la loge du châtelain.

La fenêtre du châtelain est ouverte ; à la persienne pend une cage. Avant même de voir cette cage, Hamlet se rue dessus, l'ouvre, y cueille un tiède canari qui s'endormait, lui tord le cou entre le pouce et l'index, et toujours sifflotant plus allegro, le lance au fond de la chambre, à la tête (mais ceci par hasard) d'une petite fille qui est là, faisant du crochet, profitant du dernier filet de jour, et qui s'arrête, les yeux ronds et les mains jointes, devant ce foudroyant forfait !

Hamlet s'enfuit sans se retourner. Et soudain il revient, va à cette fenêtre et entre dans cette chambre. La petite fille est toujours là, les mains jointes. Il se jette à ses pieds.

– Oh ! pardon, pardon ! Je ne l'ai pas fait exprès ! Ordonne-moi toutes les expiations. Mais je suis si bon ! J'ai un cœur d'or comme on n'en fait plus. Tu me comprends, n'est-ce pas, Toi ?

– Ô monseigneur, monseigneur ! balbutie la petite fille. Oh ! si vous saviez ! Je vous comprends tant ! Je vous aime depuis si longtemps ! J'ai tout compris !...

Hamlet se lève. « Encore une ! » pense-t-il.

– Est-ce que ton père est malade ?

– Non, monseigneur.

– Tant pis : tu lui poserais des cataplasmes avec génie.

– Oh ! vous, vous ! Je vous soignerais si bien !

– C'est ça : je repasserai lundi prochain ; mon cancer ne suppure pas encore (je ne sais vraiment ce qu'il a). À lundi, cher ange.

Hamlet s'éloigne, dûment soulagé. « C'est encore pour me faire la main, que j'ai tué cet oiseau » pense-t-il.

Jeune et infortuné prince ! Ces étranges impulsions destructives le prennent souvent à la gorge, depuis le trop trop irrégulier décès de son père.

Un jour, Hamlet était parti de grand matin pour la chasse. La préméditation, cette fois, l'avait tenu éveillé toute la nuit (la nuit qui porte conseil). Armé d'on ne peut plus excellentes épingles, il préluda par

9

embrocher les scarabées que la Providence mettait sur son chemin, les laissant ensuite continuer le leur ainsi. Il arracha leurs ailes aux papillons futiles, décapita les limaces, trancha les pattes de derrière aux crapauds et grenouilles, poivra de salpêtre une fourmilière et y mit le feu, recueillit maints nids gazouilleurs dans les buissons et les abandonna au fil de la rivière prochaine pour leur faire voir du pays ; tout cela en cinglant à droite à gauche mille fleurs, sans égards pour leurs vertus pharmaceutiques. Et puis, en chasse ! La forêt, de ses mille rumeurs printanières, le ravissait, telle l'eût ravi une chambre de torture de ses mille grésillements sur les réchauds ! Et finalement, le soir, après une vaine sieste plus loin sous des arbres qui n'avaient rien vu, en revenant sur ses pas, un dernier spasme le poussa à prélever sur les victimes qui n'avaient pu s'aller cacher pour mourir, et qu'il retrouvait en son chemin, une livre d'yeux crevés ; il s'en y lava les mains, il s'en graissa les phalanges, il faisait craquer ses phalanges, déjà tout tiraillé de malaise. Ah ! c'était LE DÉMON DE LA RÉALITÉ ! l'allégresse de constater que la Justice n'est qu'un mot, que tout est permis – et pour cause, nom de Dieu ! – contre les êtres bornés et muets. Mais en approchant du château, Hamlet, fourbu d'insomnie et de stupides exaltations, avait senti la vaste peine du crépuscule le circonvenir pour l'étrangler. Il rentra à pas de loup, courut s'enfermer dans sa tour, sans lumière, barbotant halluciné dans un grouillement clignotant d'yeux crevés, d'yeux crevés barbouillés d'inessuyables larmes, puisse blotti tout habillé sous ses couvertures, cuisant de sueurs froides, pleurant de l'élixir de larmes, songeant presque à s'assassiner, ou du moins à se balafrer, en expiation ; sentant bien son bon cœur, son cœur d'or submergé à jamais dans cette mare de pauvres yeux crevés immortellement pensifs. – Le lendemain : « Bah ! ai-je été assez ridicule ! Et les guerres ! Et les tournées d'abattoir des siècles du monde antique, et tout ! Piteux provincial ! Cabotin ! Pédicure ! »

Hamlet ne s'affecte donc pas plus que ça de l'irréparable meurtre de ce petit oiseau, – un simple coup de soupape accordé à ses *animal spirits*. C'est fort commode ; et si Hamlet n'en est pas encore à songer qu'il n'a guère autrement apprécié la triste Ophélie (oh ! guère autrement, pauvre oiseau !) son Ange Gardien n'en pense pas moins.

Le cimetière d'Elseneur gît tassé en pente sur le grand chemin à vingt minutes de la ville. Hamlet passe sous la triple porte d'enceinte ; cinq ou six boutiques vivent là du Corps de Garde ; et puis, c'est la campagne comme partout triste et plate, hors remparts…

Des ouvriers rentrent ; une noce stationne, se concertant sur ce qu'elle pourrait bien faire par la ville à cette heure.

On ne reconnaît guère le prince Hamlet à Elseneur. On hésite, on ne salue pas. Et d'ailleurs, sa petite personne… Jugez plutôt.

De taille moyenne et assez spontanément épanoui, Hamlet porte, pas trop haut, une longue tête enfantine ; cheveux châtains, s'avançant en pointe sur un front presque sacré, et retombant, plats et faibles, partagés par une pure raie à droite, celer deux mignonnes oreilles de jeune fille ; masque imberbe sans air glabre, d'une pâleur un peu artificielle mais jeune ; deux yeux bleu-gris partout étonnés et candides, tantôt frigides, tantôt réchauffés par les insomnies (fort heureusement, ces yeux romanesquement timides rayonnent en penseurs limpides et sans vase, car Hamlet, avec son air de regarder toujours en-dessous comme cherchant à tâter d'invisibles antennes le Réel, ferait plutôt l'effet d'un camaldule que d'un prince héritier du Danemark) ; un nez sensuel ; une bouche ingénue, ordinairement aspirante, mais passant vite du mi-clos amoureux à l'équivoque rictus des gallinacés, et de cette moue dont les coins sont tirés par les boulets de la galère contemporaine au rire irrésistiblement fendu d'un joufflu gamin de quatorze ans ; le menton n'est, hélas ! guère proéminent ; guère volontaire, non plus, l'angle du maxillaire inférieur, sauf aux jours d'ennuis immortels où la mâchoire alors, portant en avant et les yeux par cela même reculant dans l'ombre du front vaincu, tout le masque rentre, vieilli de vingt ans. Il en a trente. Hamlet a les pieds féminins ; ses mains sont solides et un peu tortues et crispées ; il porte une bague à scarabée égyptien d'émail vert à l'index de la main gauche. Il ne s'habille que de noir, et s'en va, s'en va, d'une allure traînarde et correcte, correcte et traînarde…

D'une allure traînarde et correcte, Hamlet chemine donc devers le cimetière, au crépuscule.

Il croise des troupeaux de prolétaires, vieux, femmes et enfants, revenant des bagnes capitalistes quotidiens, voûtés sous leur sordide destinée.

– Parbleu ! songe Hamlet, je le sais aussi bien que vous, sinon mieux ; l'ordre social existant est un scandale à suffoquer la Nature ! Et moi, je ne suis qu'un parasite féodal. Mais quoi ! Ils sont nés là-dedans, c'est une vieille histoire, ça n'empêche pas leurs lunes de miel, ni leur peur de la mort ; et tout est bien qui n'a pas fin. – Eh oui ! Levez-vous, un beau jour ! mais pour qu'alors ça finisse ! Mettez tout à feu et à sang ! Écrasez comme punaises d'insomnies les castes, les religions, les idées, les langues ! Refaites-nous une enfance fraternelle sur la Terre, notre mère à tous, qu'on irait pâturer dans les pays chauds.

> *Dans les Jardins*
> *De nos instincts,*
> *Allons cueillir*
> *De quoi guérir.*

Oui, va-t-en voir s'ils viennent ! Ils sont trop tyrans domestiques pour cela, et pas encore assez esthétiques et pour longtemps encore trop lâches devant l'Infini. Qu'ils gobent bouche bée un Polonius, philanthrope quelconque, qui leur chante : « Enrichissez-vous ! » – Et dire que j'ai eu un instant ma folie d'apôtre, comme Çakya-Mouni fils de roi ! Oh ! là, là, moi, avec ma chère petite vie unique (que j'aurai à partager avec une chère petite femme unique) attacher ce grelot ! Et prendre pour cela ma folle tête sonore ! Ne soyons pas plus prolétaire que le prolétaire. Et toi, Justice humaine, ne soyons pas plus forte que Nature. Oui, mes amis, mes frères ! L'au-petit-bonheur historique, ou la purgation apocalyptique, le bon vieux Progrès ou le retour à l'état de nature. En attendant, bon appétit, et amusez-vous bien demain dimanche.

La montée du sentier qui mène à la grille du cimetière est pénible. Hamlet se renfrogne et froisse des coquelicots dans ses doigts. Il arrive trop tard ; la cérémonie concernant Polonius est enterrée ; les dernières silhouettes officielles sortent. Hamlet s'accroupit derrière une haie pour les laisser passer sans être vu. Quelqu'un donne le bras à Laërtes, fils du défunt, qui fait peine à voir. Une voix dit, comme d'un poussé à bout : « Eh ! quand on a un fou à la « maison, on l'enferme ! »

En se relevant, Hamlet remarque qu'il vient d'endommager gravement une fourmilière. – « Autant que faire ! pense-t-il. Et pour que le Hasard m'ait des obligations… » Et il achève ladite fourmilière à coups de talon.

Tout le monde est sorti. Hamlet ne trouve dans le cimetière que deux fossoyeurs. Il s'approche du premier, lequel arrange les couronnes déposées sur la tombe de Polonius.

– Nous n'aurons son buste que le mois prochain, lui déclare cet homme, sans y être autrement invité.

– De quoi est-il mort ? Sait-on ?

– D'une attaque d'apoplexie. C'était un bon vivant.

Alors, là, Hamlet, qui, en conscience, et malgré son âme si lettrée, ne s'en était pas encore avisé, sent qu'il a décidément tué un homme, supprimé une vie, une vie dont on peut témoigner. Le nommé Polonius… il guignait devant lui au moins quarante bonnes années encore (Polonius vous faisait à tout propos tâter sa santé de fer) et Hamlet les a, d'une estocade irréfléchie mais fatale, ma foi, rayées, comme on biffe dans un exorbitant devis d'architecte. Est-ce que ces menus conflits de phénomènes riment à quelque chose au-delà d'ici-bas ?

Hamlet se campe devant ce fossoyeur qui l'observe, attendant des compliments sur son arrangement des couronnes ; il le toise supérieurement et puis lui aboie par la figure : « *Words ! words ! words !* entendez-vous ! des mots, des mots, des mots ! »

Et il se dirige vers l'autre fossoyeur, sans entendre celui-ci lui crier un « Eh, va donc, « fainéant ! ».

– Et vous, mon brave homme, que faites-vous là ?

– Sa Seigneurie le voit, je retape les vieilles tombes. Ah ! il y a beaux jours que les vieux ont séché les plâtres par ici. Notre cimetière est toujours resté aussi petit, cependant que les bontés du feu roi doublaient presque la population de sa bonne ville.

Le fossoyeur un peu pris de vin tâche à se caler sur sa bêche.

– Ah ! ah ! vraiment ? doublé la population…

– On voit que sa Seigneurie n'est pas d'ici. Le feu roi (mort aussi d'une attaque d'apoplexie) était coureur mais bel homme et un cœur d'or, et partout où il progénitait, il laissait de vraies caresses et de bons écus à son effigie.

– Mais dites-moi, le prince Hamlet est bien le fils de sa femme Gerutha ?

– Eh point ! Sa Seigneurie a peut-être ouï parler de feu l'incomparable fou Yorick…

– Sans doute.

– Eh bien, le prince Hamlet est tout bonnement son frère par la mère.

Hamlet frère d'un fou de cour ; il n'est donc pas si « fils de ses œuvres » qu'il le croyait !…

– Et cette mère, elle ?

– Parfaitement, la mère était bien la plus diaboliquement belle gypsie que, sauf votre respect, on ait jamais vue. Elle vint ici, disant la bonne aventure avec son fils Yorick. Elle fut retenue au Château, et, un an après, mourut en mettant au monde le noble Hamlet ; quand je dis en mettant au monde… Elle mourut de l'opération césarienne qu'on lui fit.

– Ah ! ah ! Cet Hamlet fut pas facile à attirer dans ce monde d'ici-bas !…

– Parfaitement. Elle était enterrée où sa Seigneurie voit qu'on a déblayé. Un ordre de la reine nous vint l'autre mois d'exhumer ses restes et de les brûler, bien que la gypsie fût chrétienne aussi bien que vous et moi, à preuve que nous pintâmes à tire-larigo ce jour-là. Et puis est venu le tour de la tombe de son pauvre Yorick, dont sa Seigneurie peut fouler ici les restes.

– Je n'en ferai rien.

– Et que j'arrange pour recevoir dans une heure le corps de la noble fille de Polonius, Ophélie, qu'on a retrouvé. Eh oui, nous sommes tous mortels.

– Ah ! Ophélie… on a retrouvé cette demoiselle ?…

– Près de l'écluse, monsieur. C'est son frère Laërtes qui ce matin est venu nous avertir. Il faisait bien peine à voir, ce jeune homme. Il est très aimé. Vous savez qu'il s'occupe de la question des logements d'ouvriers ? Il faut dire aussi qu'il se passe de drôles de choses.

– Et l'on assure avec cela, n'est-ce pas, que le prince Hamlet est devenu fou ? (Oh ! mon Dieu, mon Dieu ! près de l'écluse…)

– Oui, oui, c'est la débâcle. Oh ! je l'ai toujours dit, nous sommes mûrs pour l'annexion. Le prince Fortimbras de Norvège va nous faire notre affaire

13

un de ces quatre matins. Moi j'ai déjà converti mon petit pécule en actions de Norvège. Et tout ça ne m'empêchera pas de boire un bon coup demain dimanche.

– C'est bien, continuez.

Hamlet met un écu dans la main de l'homme et ramasse le crâne de Yorick, et il va se perdre, d'une allure traînarde et correcte, entre les cyprès et les mausolées, accablé de destinées, de bien louches destinées, ne sachant plus trop par quel bout reprendre un peu décemment son rôle.

Hamlet s'arrête ; il tient le crâne de Yorick embouché à son oreille, et écoute, perdu…

– *Alas, poor Yorick !* Comme on croit entendre dans un seul coquillage toute la grande rumeur de l'Océan, il me semble entendre ici toute l'intarissable symphonie de l'âme universelle dont cette boite fut un carrefour d'échos. Voilà une solide idée. Et, voyez-vous une espèce humaine qui ne s'enquerrait pas davantage, qui s'en tiendrait à cette rumeur vaguement immortelle qu'on entend dans les crânes, en fait d'explications de la mort, c'est-à-dire en fait de religion ? *Alas, poor Yorick !* Les petits helminthes ont dégusté l'intellect à Yorick… C'était un garçon d'un humour assez infini : mon frère (même mère pendant neuf mois) si toutefois ce titre commande une attitude spéciale. Il fut quelqu'un. Il avait le moi minutieux, entortillé et retors ; il se gobait. Où ça est-il passé ? Ni vu, ni connu. Plus même rien de son somnambulisme. Le bon sens lui-même, dit-on, ne laisse pas de traces. Il y avait une langue là-dedans ; ça grasseyait : « *Good night, ladies ; good night, sweet ladies ! good night, good night !* » Ça chantait, et souvent des gravelures. – Il prévoyait ! *(Hamlet fait le geste de lancer le crâne en avant.)* Il se souvenait ! *(Même geste en arrière.)* Il a parlé, il a rougi, il a BAILLÉ ! – Horrible, horrible, horrible. – J'ai peut-être encore vingt ans, trente ans à vivre, et j'y passerai comme les autres. Comme les autres ? – Ô Tout ! quelle misère, ne plus y être ! – Ah ! Je veux dès demain partir, m'enquérir par le monde des procédés d'embaumement les plus adamantins. – Elles furent aussi, les petites gens de l'Histoire, apprenant à lire, se faisant les ongles, allumant chaque soir la sale lampe, amoureux, gourmands, vaniteux, fous de compliments, de poignées de mains et de baisers, vivant de cancans de clochers, disant : « Quel temps fera-t-il demain ? Voici l'hiver qui vient… Nous n'avons pas eu de prunes cette année. » – Ah ! tout est bien qui n'a pas de fin. Et toi, Silence, pardonne à la Terre ; la petite folle ne sait trop ce qu'elle fait ; au jour de la grande addition de la Conscience devant l'Idéal, elle sera étiquetée d'un piteux *idem* dans la colonne des évolutions miniatures de l'Évolution Unique, dans la colonne des quantités négligeables. – Et puis, des mots, des mots, des mots ! Ce sera là ma devise tant qu'on ne m'aura pas démontré que nos langues riment bien à une réalité transcendante. – Quant à moi, avec mon génie, je pourrais être ce qu'on appelle communément un Messie ; mais voilà, trop trop gâté comme un Benjamin par la Nature. Je comprends tout, j'adore tout et veux tout féconder. C'est pourquoi, comme je l'ai gravé au mur de mon lit en un distique également rossard :

> *Ma rare faculté d'assimilation*
> *Contrariera le cours de ma vocation.*

Ah ! que je m'ennuie donc supérieurement ! – Eh bien, qu'est-ce que j'attends ici ? – La mort ! La mort ! Ah ! est-ce qu'on a le temps d'y penser, si bien doué que l'on soit ? Moi, mourir ! Allons donc ! Nous en recauserons plus tard, nous avons le temps. – Mourir ! C'est entendu, on meurt sans s'en apercevoir comme chaque soir on entre en sommeil. On n'a pas conscience du passage de la dernière pensée lucide au sommeil, à la syncope, à la Mort. C'est entendu. Mais ne plus être, ne plus y être, ne plus en être ! Ne plus pouvoir seulement presser contre son cœur humain, par une après-midi quelconque, la séculaire tristesse qui tient dans un tout petit accord au piano ! – Mon père est mort, cette chair dont je suis un prolongement n'est plus. Il gît par là, étendu sur le dos les mains jointes ! Qu'y puis-je, que passer un jour à mon tour par là ? Et on me verra aussi, dignement étendu, les mains jointes, sans rire ! Et l'on se dira : « Quoi c'est donc là, là, ce jeune Hamlet si gâté, si plein d'une verve amère ? C'est lui, là, devenu si sérieux, comme les autres ; il a accepté sans révolte et de ce grand air si digne cette criante injustice d'être là ? »

Hamlet se prend son futur crâne de squelette à deux mains et essaie de frissonner de tous ses ossements.

– Oh ! voyons ! voyons ! Soyons sérieux ici ! Oh ! je devrais trouver des mots, des mots, des mots ! Mais qu'est-ce donc qu'il me faut, si ceci me laisse froid ? – Voyons : quand j'ai faim, j'ai la vision intense des comestibles ; quand j'ai soif, j'ai la sensation nette des liquides ; quand je me sens le cœur tout célibataire, j'ai à sangloter le sentiment des yeux chéris et des épidermes de grâce ; donc si l'idée de la mort me reste si lointaine, c'est que je déborde de vie, c'est que la vie me tient, c'est que la vie me veut quelque chose ! – Ah ! ma vie, donc à nous deux !

– Eh là-bas, vous ! lui crie le second fossoyeur, voilà justement le convoi d'Ophélie qui monte !

Le premier mouvement du penseur Hamlet est de singer à ravir le clown réveillé par un coup de mailloche à grosse caisse dans le dos ; et c'est tout juste qu'il le réprime. Puis il se glisse derrière une balustrade trilobée à jour et s'apprête à voir un peu.

Le mélancolique convoi débouche (une fois pour toutes !). Dans le cahotement de la montée, des roses blanches tombent du velours noir recouvrant le cercueil (tombent, hélas ! une fois pour toutes !).

– Elle n'est cependant pas si lourde, pense Hamlet avec intérêt : J'oubliais ; elle doit être gonflée d'eau comme une outre ; petite sale ; repêchée à l'écluse ! Elle devait finir par là, ayant puisé sans méthode dans ma bibliothèque. – Oh ! mon Dieu ! Maintenant j'apprécie ses grands regards bleus ! Pauvre, pauvre jeune fille ! Si maigre et si héroïque ! Si inviolée et si modeste ! – Eh tant pis ! C'est la débâcle ! la débâcle ! Le conquérant Fortimbras en eût fait demain sa maîtresse ; il est turc là-dessus ! Et Elle en serait incontestablement morte de honte, je la connais, l'ayant bien dressée ! Elle en serait décédée, ne laissant qu'une bien vilaine réputation de Belle-Hélène, tandis que, grâce à moi…

Hamlet s'oublie un instant à suivre les gestes des moines officiant autour du trou ; ils vont vite en besogne, les moines, car ils auront fort à faire, demain dimanche. Une jeune fille ; c'est aussi promptement enterré que marié. Où trouver le temps pour se révolter contre tout cela ? L'art est si long et la vie si courte ! Et Hamlet ne peut que se sentir crispé d'un remords à fleur de nerfs, pour son humble part.

– Tout de même ! tout de même ! Moi qui ai si bon cœur, moi dont le cœur d'or est si connu, avoir fait ça ! Oh ! fi, Hamlet, fi !… – Pauvre Ophélie, pauvre Lili ; c'était ma petite amie d'enfance. Je l'aimais ! C'est évident ! Ça tombait sous les sens. Et même, je ne demandais pas mieux que de me régénérer selon le regard de son sourire. Mais, l'Art est si grand et la vie est si courte ! Et rien n'est pratique. Et par ma mère et mon frère et tout, j'étais damné d'avance. (Oui il y a de ça.) Et donc, alors, la peine que, en conséquence, je ne pouvais manquer de lui faire, la rendit si maigre, si maigre, que l'anneau d'alliance que je lui avais, en des temps meilleurs, passé au doigt, en tombait à chaque instant, preuve céleste que… Et puis, elle avait l'air par trop périssable ! et puis, avec ces galas de la cour, où l'on se décolète dès seize ans, ses épaules ne me furent pas une virginité à saccager ; le diable me confisque si je me rappelle quand j'ai vu ses épaules pour la première fois ! Or, on le sait, la virginité des épaules, c'est tout pour moi, je ne transige jamais là-dessus. Et puis, elle en était venue là comme les autres, malgré tout le céleste de ses regards levés. J'étais donc volé. Il ne me restait plus qu'à observer ses menus gestes de femelle ; je songeais : « À quels yeux croire désormais ! fi ! J'aurais dû lui crever les yeux, ces yeux, et m'y laver les mains. » Et enfin, d'ailleurs, cette infernale voix qui toujours arrivait bonne première à nos rendez-vous et m'étourdissait à ne m'y plus reconnaître de « l'embrassera ! Pas ! C'est absolu ! Non, des mots, des mots, des mots ! » J'en serais devenu fou. Je dois me ménager. – Allez, allez, psalmodiez Holy, holy, *holy, Lord God Almighty* ! La personnalité divine, quelle idée ! Voilà ce qui s'appelle faire des personnalités. – Son paradis, c'est encore mon souvenir. Car, en effet, elle avait ce que je demanderai toujours à la fiancée de mon génie, une bouche ingénument accueillante, mais gardée par deux grands yeux qui savent, ou bien (comme cette actrice Kate, avouons-le) deux fins yeux bleus vagabonds et crédules, gardés par une bouche ravagée avec le pli amer du coin immortellement sur la défensive. Et son profil, et c'est là d'ailleurs le seul étalon pour mesurer la beauté de la femme, ne rappelait celui d'aucun animal, du bulldog à la gazelle. Et dans l'intimité, je ne lui ai jamais surpris la nuance chienne. Bref, c'était une sainte en jupe simple. Il eût été dommage qu'elle vieillît. Et maîtresse de Fortimbras ! Ah, Ophélie, que n'étais-tu née ma compagne ! que n'étais-tu assez inconnue pour cela ! Je l'ai aidée à se faner, la Fatalité a fait le reste.

> *Ophélie, Ophélie,*
> *Ton beau corps sur l'étang*
> *C'est des bâtons flottants*
> *À ma vieille folie…*

La cérémonie tire à sa fin (une fois pour toutes !). On entend les boules de terreau sonner sur le cercueil, sonner sur ce cercueil, hélas ! une fois pour toutes !…

– Elle avait un torse angélique, encore une fois. Que puis-je à tout cela, maintenant ? Allons, je donne dix ans de ma vie pour la ressusciter ! Dieu ne dit mot ! Adjugé ! C'est donc qu'il n'y a pas de Dieu, ou bien que c'est moi qui n'ai même plus dix ans à vivre. La première hypothèse me semble la plus viable, et pour cause.

Hamlet, homme d'action, ne quitte sa cachette qu'assuré, bien entendu, que cette brute de Laërtes a filé avec toute l'honorable compagnie.

– Mon frère Yorick, j'emporte votre crâne à la maison ; je lui ferai une belle place sur l'étagère de mes ex-voto, entre un gant d'Ophélie et ma première dent. Ah ! comme je vais travailler cet hiver avec tous ces faits ! J'ai de l'infini sur la planche.

La nuit tombe ! Ah ! il faut agir ! Hamlet reprend le chemin du Château sans trop se laisser envahir par la quotidienneté de la nuit sur les grandes routes. Il monte d'abord dans sa tour, déposer ce crâne, ce puissant bibelot. Il s'accoude un instant à la fenêtre, à regarder la belle pleine lune d'or qui se mire dans la mer calme et y fait serpenter une colonne brisée de velours noir et de liquide d'or, magique et sans but.

Ces reflets sur l'eau mélancolique… La sainte et damnée Ophélie a flotté ainsi toute la nuit…

– Oh ! je ne puis pourtant pas me tuer, me priver de vivre ! Ophélie ! Ophélie ! Pardonne-moi ! Ne pleure pas comme ça !

Hamlet rentre dans sa chambre et tâtonne fébrilement.

– Je ne peux pas voir les larmes de jeunes filles. Oui, faire pleurer une jeune fille, il me semble que c'est plus irréparable que l'épouser. Parce que les larmes sont de la toute enfance ; parce que verser des larmes, cela signifie tout simplement un chagrin si profond que toutes les années d'endurcissement social et de raison crèvent et se noient dans cette source rejaillie de l'enfance, de la créature primitive incapable de mal. – Adieu beaux yeux, quand même inviolés car inapprivoisables, d'Ophélie ! Il se fait tard, il faut agir ; à demain les baisers et les théories.

Hamlet descend pour voir comment sa pièce est mise en train.

Un corridor, où d'ordinaire campe la réserve de buffet des grands bals de gala, a été divisé en cabinets et doit servir de coulisses à ces comédiens.

Hamlet, sans y trop songer, pousse doucement la porte d'un de ces cabinets et entre. Il s'arrête dès le seuil. Là, vraiment, parmi les coffres déballés, éplorée comme une Madeleine, toute hoquetante des derniers sanglots d'une crise, cette actrice Kate gît sur le parquet, en robe de brocart rouge lamé d'or à traîne, mais sans corsage encore, les bras et les épaules offerts, la poitrine nature en une chemisette à plissés merveilleux, là, en pauvre créature, peut-être consolable.

Hamlet clot dextrement et doucement la porte derrière lui, et s'approche de cette nouvelle histoire.

– Eh bien ? qu'est-ce que c'est, Kate ? Qu'est-ce que vous avez ?

La belle Kate ne s'émeut pas plus que cela de la présence de son Altesse. Elle reste encore des minutes ainsi prostrée dans la supériorité de ses larmes, dans la supériorité de son enfance retrouvée. Puis (comme il faut bien toujours finir par agir) elle se lève ; et, sans plus s'occuper de son Altesse que pour lui tourner le dos, elle se reprend à organiser, de-ci de-là dans le désordre, sa toilette de reine d'un soir, rageant avec des restes de larmes contre des nœuds de lacets. – Qu'elle est généreusement belle, malgré tout ! Oh, certes, si elle lui parle, si elle parle et côtoie l'hamlétisme sans y tremper, Hamlet est perdu ! Perdu et gagné !

– Voyons, c'est pas tout ça ; qu'aviez-vous, Kate, ma mie ?

Et il la prend gentiment par la taille.

– Dites-moi cela, à moi.

Et voilà la belle Kate qui le regarde en face immortellement, et puis se laisse aller cachant son visage dans la poitrine du chaste prince, et se remet à fondre en larmes, à pleurer toutes ses larmes sur ce pourpoint de velours noir où Ophélie en a déjà pas mal versé le mois passé.

Hamlet croit devoir lui semer la nuque de baisers calmants et autres, en lissant les bandeaux de ses cheveux.

Il faudrait la plume de Hamlet pour vous servir le sentiment de la beauté de Kate. Kate est une de ces apparitions qui, dans la rue, vous clouent là sans qu'on songe à la suivre (à quoi bon ? se dit-on, ce que sa vie doit être prise, à celle-là !) et que dans un salon on regarde, non d'un air beau, fou ou tendre, mais indifférent et lointain (ce qu'elle doit être habituée aux têtes qui se retournent ahuries ! pas la peine d'en grossir la cohue, pense-t-on.) Puis on apprend qu'elle vit comme une autre, ou mariée, ou seule, ou par-ci par-là. Et l'on s'étonne qu'elle ne soit pas la fameuse une telle, une accablée de drames internationaux malgré ses vingt-cinq ans et son air de monstre qui a toujours bien dormi la veille.

Et Kate, qui a passablement roulé, a roulé rien moins qu'épiquement. Elle a roulé, ô misère ! Ô petites villes, abat-jour des lampes, intermédiaires crasseux, claquements de portes ! Ô misère, Ô occasions ! Elle a roulé, et cependant elle est là, elle vous regarde ; et la moue de sa bouche est une campanule éclose de ce matin, et ses grands yeux inconnus balbutient : « Quoi ?... Ah ?... » et quelle modestie dans ce doux chignon sur cette nuque délicate ! – Ah ! laissez donc, elle est de l'autre sexe, elle est esclave, elle ne sait pas...

Elle ne sait guère, et Hamlet ne sait que promener de pitié et de chatterie la moue de ses lèvres adolescentes sur la peau tendrement rincée de ses chastes épaules abattues de chagrin, et se montrer créature, créature sans phrases.

Mais non ! les prairies naturelles sont loin, à cette heure ! Il faut d'abord faire table rase, et dès ce soir !

– Maintenant, Kate, vous allez me dire pourquoi ces larmes où je vous ai trouvé, ô vous qui ne me connaissiez pas hier et trouvez ce soir mes baisers naturels. Il faut me dire.

– Oh ! non, jamais.

– C'est donc bien vilain, alors ? Voyons, à moi...

Et comme il achève ce mot dans ses épaules où il passe et repasse ses joues, elle le regarde en face, baisse les yeux, s'étire les bras, et dit, très ennuyée, d'une voix maussade :

– Eh bien, voilà ! Je ne suis qu'une malheureuse, mais j'ai l'âme haut placée, qu'on le sache. Dieu sait si j'en ai consommé, sur les planches, des héroïnes sublimes ! Mais, quand j'ai lu ces scènes de l'enfance et des premières fiançailles de mon rôle, dans votre espèce de pièce, oh ! tenez !... Comme c'est ça, notre pauvre destinée pitoyable et impitoyable ! Oh ! vous devez être unique et incompris ! et non pas fou, comme ces gens à cure-dent et à éperons le disent. Mais aussi que vous avez dû en faire souffrir ! – Alors, voilà, c'est bien simple... – Non ! non !

– Continue, continue, Ophélia.

– Oh ! tenez, voilà, en m'habillant je me répétais le monologue à l'église, et soudain mon cœur a crevé de nouveau dans ces larmes, et je me suis laissée aller sur le plancher. Si vous saviez comme j'ai un grand cœur ! Ah ! j'en ai assez de cette existence cynique et vide ! Demain je quitte tout, je reviens à Calais et j'entre en religion pour me consacrer aux pauvres blessés de la guerre de Cent-Ans.

Hamlet, quoique bien élevé, ne peut guère contenir son allégresse d'artiste. C'est son baptême de poète ! et cette comédienne le lui apporte, ainsi enveloppé, de la première scène de Londres. Et voilà Hamlet qui surmène la pauvre Kate d'explications, se fait indiquer les moindres mots, et, de tout son cœur cosmique, se mire dans ces yeux connaisseurs que son génie vient d'élargir de gloires.

– Alors, tu crois que, devant un public de capitale et aux lumières, l'effet serait renversant ? Et qu'on me regarderait passer dans les rues en s'étonnant de mon allure triste ? Et que d'aucuns se tueraient devant l'énigme de ma vie ? Ô Kate, si tu savais ! Ce drame-ci, ce n'est rien, je l'ai conçu et travaillé au milieu de répugnantes préoccupations domestiques. Mais j'en ai encore, là-haut, des drames et des poèmes, des féeries et des métaphysiques, inouïs, foudroyants ou donneurs de mort lente ! Ah ! tiens, nous allons nous aimer, je quitte aussi tout, nous partirons cette nuit sous ce clair de lune si lucide ! Je te lirai tout ! nous irons vivre à Paris !

Kate se reprend à pleurer en silence.

– Non, non, Hamlet, ce n'est pas pour moi, je veux me retirer, entrer en religion, soigner les blessés de la très lamentable guerre de Cent-Ans et prier pour vous.

On toque à la porte.

– Allons, Kate, essuyez vos yeux intéressants, bâclez votre toilette ; je reviendrai avant la fin du spectacle. Je vous aime ! vous aime ! Et vous me direz des nouvelles de cette immensité. – Entrez !

C'est le régisseur ; Hamlet lui intime en passant :

– On me garde le secret, n'est-ce pas ? Ce drame ne vient pas de moi. Il est le premier venu de votre répertoire. Allez-y carrément.

– Eh ! continue Hamlet, tout haut, en remontant chez lui, je me moque de cette représentation et de sa moralité comme du premier amant de Kate ! – Le sort est jeté ! Je tiens ma solution. Ces choses-là viennent toujours d'où on les attendait le moins. À moi la vie et les alentours, et les très glorieux pessimismes quand même !

Hamlet s'habille solidement ; range des eaux-fortes qu'il entasse avec des manuscrits, de l'or et des pierreries dans deux coffrets. Il choisit de menues armes. Puis, il allume un réchaud, pose dessus une planche de cuivre à graver sur laquelle il couche ensuite les deux statuettes de cire au cœur puérilement percé d'une aiguille, et les deux statuettes bientôt coulent, s'unissant tendrement en une mare répugnante.

– Et je me fiche aussi de mon trône. C'est trop abrutissant. Fortimbras de Norvège me dirait que c'est là le meilleur parti à prendre. Soit ; tout est bien. Les morts sont morts. Je vais voir du pays. Et Paris ! Je suis sûr qu'elle joue comme un ange, comme un monstre. Nous ferons sensation. Nous aurons des noms de guerre bizarres.

Hamlet cherche un instant un nom de guerre bizarre ; mais non ! tout l'espace qu'ils vont dévorer à cheval cette nuit le prend déjà à la gorge. Comme demain, dimanche, quand les jeunes filles d'Elseneur seront ainsi que toujours à la messe et à vêpres, comme demain, à cette heure, eux seront loin, mélancoliquement loin des remparts d'Elseneur !...

Hamlet sonne son écuyer pour les derniers préparatifs. En l'attendant, il s'amuse à souffleter de jets de salive ces toiles pendues aux murs de sa chambre, ces vues du Jutland qui ont pesé sur sa jeunesse stérile et mal nourrie.

Le roi Fengo et la reine Gerutha promènent un sourire fatigué d'affabilité et s'installent en leurs stalles ; la salle se rassied, dans le froufrou indécis d'un champ de blés mûrs écoutant d'où va venir le vent. Les pages se retirent vers les portes. Le rideau de la scène se sépare en deux.

Dans un coin obscur d'une tribune, Hamlet, dont nul jamais ne s'inquiète, assis sur un coussin, observe la salle et la scène par les baies de la balustrade.

Le cliché « public houleux » lui vient aux lèvres. – Allons, Hamlet, que tout ceci vous laisse imperméablement froid. La salle est nulle, l'étiquette défend d'applaudir, et l'on va modeler son visage sur ceux du couple royal, lequel ne sera guère à son aise, et par conséquent guère impartial, dès le second acte.

La pièce commence, Hamlet la sait par cœur. Il s'absorbe dans des expériences d'effets scéniques, note d'avance la portée de ses mots devant un vrai public, rumine des retouches. Kate enfin paraît et électrise l'œuvre.

– Parbleu ! Je n'étais qu'un écolier ! Voilà ce qui me manquait, l'épreuve de la rampe ! Oh ! je n'ai pas encore donné le quart de ce que j'ai dans le ventre. Et elle ! comme elle est carrément et chimériquement belle, ainsi coiffée à la Titus ! Et elle n'a pas l'air de savoir où on la mène ! Et ses yeux qui tantôt savent tout, tout ! tantôt rien, rien, au nom du Ciel ! Vrai, son être est trempé pour l'accomplissement de choses dont on parlera dans mille ans. Nous nous comprenons. Nous ferons sensation. Elle a, comme Ophélie, cet air collet-monté ; mais à elle, ça lui donne du montant (un mot à noter !). Je veux l'aimer comme la vie. – Oh ! comme elle a dit ça :

> *Oh ! reviens là,*
> *Reviens vagir parmi mes cheveux, mes cheveux*
> *De moi, je t'y ferai des bracelets d'aveux,*
> *En veux-tu en voilà….*

Oh ! je viens, je viens, va ! Et moi qui croyais connaître la Femme ! la Femme et la Liberté ! et les salissais de banalités *a priori !* Cuistre ! Pédicure ! – Et les deux criminels, là-bas ; ils ont l'air au spectacle, ma parole. Ils ne comprennent pas encore d'où vient cet horrible, horrible, horrible drame. Je me suis peut-être un peu trop livré aux hors-d'œuvre de fantaisie, et il en reste malgré ces coupures. Mais attendons la scène du jardin. – Tiens, Laërtes n'est pas là.

On se lève pour l'entracte. Le roi et la reine font cercle, les pages ayant repris les traînes de leurs manteaux, et promènent leur sourire affable et fatigué. On fait circuler des tranches de hareng et de petites cornes d'auroch où mousse la cervoise.

Dès la scène deux de l'acte suivant et devant ce décor de tonnelle où le roi Gonzago commence à s'assoupir éventé par sa femme, Fengo au cœur lâche comprend ! Et sans attendre l'entrée de Claudius, il s'affaisse évanoui. La reine se lève, droite, très Paul Delaroche ; on s'empresse avec tout un répertoire de mines et de chuchotements. Un coup de hallebarde du chambellan successeur de Polonius (heureux d'inaugurer ainsi ses fonctions) fait tirer le rideau sur l'horrible, horrible, horrible pièce.

Hamlet s'est dressé dans son coin, balbutiant :

– Musique ! Musique ! C'était donc vrai ! Et moi qui n'y croyais pas encore !… – Enfin, ils sont assez punis comme ça, c'est mon avis. Moi je file ! Un jour de plus, et l'on m'empoisonnerait comme un rat, un sale rat !

Il se lance à travers des escaliers de service pleins de tintements de sonnettes et d'appels. Les coulisses sont désertées. Hamlet reprend d'abord son manuscrit abandonné, là, ouvert à l'endroit interrompu.

Kate l'attendait.

– Un simple évanouissement. Je te raconterai après. Mais que je t'embrasse ! Tu as joué comme un ange. Maintenant, nous n'avons pas une minute à perdre… comme deux rats !

Il l'aide à sortir de ses brocards. Elle a eu la bonne idée de garder sa toilette ordinaire par-dessous. Hamlet l'enveloppe d'un manteau et la coiffe d'une toque.

– Suis-moi.

Ils traversent le parc, faisant s'envoler des oiseaux assoupis. Hamlet siffote allègrement. Ils sortent par une petite porte. Un écuyer est là, tenant deux chevaux par la bride. Le temps de s'enchâsser en selle entre ces précieux coffrets, et les voilà partis, au trot, tout naturellement. (Non, non ! Ce n'est pas possible ! Cela s'est fait trop vite !)

Ils vont à travers champs, pour regagner la grand-route sans passer par la porte d'Elseneur, la grand-route sans la lune, la lune qui doit faire si bien ensuite là-bas par les plaines et les plaines...

C'est la route où, quelques heures auparavant, Hamlet cheminait, croisant des prolétaires quotidiens.

Il fait un suave temps de calorifère du paradis. Et la lune joue, non sans succès, l'enchantement des nuits polaires.

– Kate, avez-vous soupé avant le spectacle ?

– Non. Ah ! je n'avais guère le cœur à manger, vous pensez bien.

– Moi, je n'ai rien pris depuis midi. Dans une heure nous arriverons à un rendez-vous de chasse où nous prendrons quelque chose : Le garde est mon père nourricier. Tu verras chez lui une miniature de moi en bébé.

Hamlet s'aperçoit qu'ils vont justement passer près du cimetière.

(Le cimetière...)

Et le voilà qui, piqué d'on ne sait quelle tarentule, descend de son cheval qu'il attache à un arbre, un arbre indifférent et mélancolique.

– Kate, attends-moi une minute : C'est pour la tombe de mon père, qui a été assassiné, le pauvre homme ! Je te raconterai : Je reviens à l'instant ; le temps de cueillir une fleur, une simple fleur en papier, qui nous servira de signet quand nous relirons mon drame et que nous serons forcés de l'interrompre dans des baisers.

Il s'avance dans le clair de lune parmi les ombres crues des cyprès sur les pierres, il va droit à la tombe d'Ophélie, de la déjà si mystérieuse et légendaire Ophélie. Et, là, les bras croisés, il attend.

– Décidément,

> Les morts,
> C'est discret ;
> Ça dort
> Bien au frais.

– Qui va là ? C'est toi, Hamlet de malheur ? Que viens-tu faire ici ?

– C'est vous, mon cher Laërtes, quel bon vent ?...

– Oui, c'est moi ; et si vous n'étiez un pauvre dément, irresponsable selon les derniers progrès de la science, vous paieriez à l'instant la mort de mon honorable père et celle de ma sœur, cette jeune fille accomplie, là, sur leurs tombes !

23

– Ô Laërtes, tout m'est égal. Mais soyez sûr que je prendrai votre point de vue en considération...

– Juste ciel, quelle absence de sens moral !

– Alors, vous croyez que c'est arrivé ?

– Allons ! Hors d'ici, fou, ou je m'oublie ! Quand on finit par la folie, c'est qu'on a commencé par le cabotinage.

– Et ta sœur !

– Oh !

À ce moment, on entend dans la nuit toute spectralement claire l'aboi si surhumainement seul d'un chien de ferme à la lune, que le cœur de cet excellent Laërtes (qui aurait plutôt mérité, j'y songe, hélas ! trop tard, d'être le héros de cette narration) déborde, déborde de l'inexplicable anonymat de sa destinée de trente ans ! C'en est trop ! Et saisissant d'une main Hamlet à la gorge, de l'autre il lui plante au cœur un poignard vrai.

Notre héros s'affaisse sur ses genoux orgueilleux, dans le gazon, et vomit des gorgées de sang, et fait l'animal talonné par une mort certaine, et veut parler... il parvient à articuler :

– Ah ! Ah ! *qualis... artifex... pereo !*

. Et rend son âme hamlétique à la nature inamovible.

Laërtes, idiot d'humanité, se penche, embrasse le pauvre mort au front et lui serre la main, puis, tâtonnant dans le vide, s'enfuit à travers les clôtures, pour toujours, se faire moine, peut-être.

Silence et lune... Cimetière et nature...

– Hamlet ! Hamlet ! appelle bientôt la grelottante voix de Kate ; Hamlet !
...

La lune inonde tout d'un silence polaire.

Kate se décide à venir voir.

Elle voit. Elle palpe ce cadavre livide de lune et de décès.

– Il s'est poignardé, ô Ciel !

Elle se penche sur cette tombe et lit :

OPHÉLIE, FILLE DE LORD POLONIUS ET
DE LADY ANNE MORTE À DIX-HUIT ANS.

Et la date d'aujourd'hui.

– C'était celle qu'il aimait ! Alors, pourquoi m'emmenait-il avec amour ? Pauvre héros... Que faire ?

Elle se penche, l'embrasse, l'appelle.

– Hamlet, *my litle Hamlet !*

Mais la mort est la mort, c'est connu depuis la vie.

– Je vais retourner au Château avec les chevaux, retrouver l'écuyer témoin de notre départ, et je dirai tout.

Elle repart au même trop, tournant le dos à la pleine lune qui devait faire si bien, là-bas, sur les plaines, les plaines, vers Paris et les brillants Valois, tenant cour plénière.

On sut tout, le répréhensible coup du drame à personnalités, l'enlèvement, etc. On envoya chercher le cadavre avec des flambeaux de première qualité. – Ô soir historique, après tout !

Or, Kate était la maîtresse de William.

– Ah ! ah ! fit cet homme, c'est comme ça qu'on voulait lâcher Bibi !

(Bibi est un abréviation de Billy, diminutif de William).

Et Kate reçut une belle volée qui n'était pas la première et ne devait pas être la dernière, hélas ! – Et cependant elle était si belle, Kate, que, en d'autres temps, la Grèce lui eût élevé des autels.

Et tout rentra dans l'ordre.

Un Hamlet de moins ; la race n'en est pas perdue, qu'on se le dise !

Le miracle des roses

*L'autre semis de Sensitives se comporta d'une manière
un peu différente, car les cotylédons s'abaissèrent dans la
matinée jusqu'à 11 heures 30, puis s'élevèrent ; mais après
midi 10, ils tombèrent de nouveau. Et le grand mouvement
ascensionnel de la soirée ne commença qu'à 1 heure 22.*

DARWIN

I

Jamais, jamais, jamais cette petite ville d'eaux ne s'en douta, avec son inculte Conseil Municipal délégué par des montagnards rapaces et nullement opéra-comique malgré leur costume.

Ah ! que tout n'est-il opéra-comique !... Que tout n'évolue-t-il en mesure sur cette valse anglaise *Myosotis*, qu'on entendait cette année-là (moi navré dans les coins, comme on pense) au Casino, valse si décemment mélancolique, si irréparablement derniers, derniers beaux jours !... (Cette valse, oh ! si je pouvais vous en inoculer d'un mot le sentiment avant de vous laisser entrer en cette histoire !)

Ô gants jamais rajeunis par les benzines ! Ô brillant et mélancolique va-et-vient de ces existences ! Ô apparences de bonheur si pardonnables ! Ô beautés qui vieilliront dans les dentelles noires, au coin du feu, sans comprendre la conduite des fils viveurs et musclés qu'elles mirent alors au monde avec une si chaste mélancolie !...

Petite ville, petite ville de mon cœur.

Or les malades n'y tournent pas autour des Sources, tenant en main le verre gradué. C'est des bains qu'on y prend ; eaux à 25 degrés (se promener après le bain, puis faire un somme) ; et c'est pour les névropathes, et c'est surtout pour la femme, pour les féminines qui en sont là.

On les voit errer, les bons névropathes, traînant une jambe qui ne valsera plus même sur l'air fragile et compassé de Myosotis, ou poussés dans une petite voiture capitonnée d'un cuir blasé ; on en voit quitter soudain leur place pendant un concert au Casino, avec d'étranges bruits de déglutition automatique ; ou soudain, à la promenade, se retourner en portant la main à leur nuque comme si quelque mauvais plaisant venait de les frapper d'un coup de rasoir ; on en rencontre au coin des bois, la face agitée d'inquiétants tics, semant dans les ravins antédiluviens les petits morceaux de lettres

26

déchirées. C'est les névropathes, enfants d'un siècle trop brillant ; on en a mis partout.

Le bon soleil, ami des couleuvres, des cimetières et des poupées de cire, attire aussi là, comme ailleurs, quelques phtisiques, race à pas lents mais chère au dilettante.

On jouait dans ce Casino, autrefois ! (ô époques brillantes et irresponsables, que mon cœur de fol, que mon cœur vous pleure !) Depuis qu'on n'y joue plus (ô ombre du prince Canino toujours flanqué de son fidèle Leporello, quel fossoyeur incompris vous soigne ?) les salles en sont bien désertées, avec leurs inutiles gardiens décorés, en drap bleu à boutons de métal. La salle où on lit les journaux, toujours solides au poste, eux, a toujours pour vous en chasser quelqu'un de ces névropathes dont le bruit de déglutition automatique vous fait tomber le *Temps* des mains. L'ancienne salle de jeu n'a plus que des toupies hollandaises, des jockey-billards, des vitrines de lots pour loteries enfantines et, dans les coins, des installations pour joueurs de dames et d'échecs. Une autre salle sert de remise du piano à queue d'antan, – ô ballades incurablement romanesques de Chopin, encore une génération que vous avez enterrée ! tandis que la jeune fille qui vous joue ce matin, *aime,* croit que l'amour n'a pas été connu avant elle, n'a pas été connu avant la venue de son cœur distingué et dépareillé, et s'apitoie, ô ballades, sur vos exils incompris. Nul ne soulève aujourd'hui la draperie à fleurs fanées qui couvre ce piano d'antan ; mais les courants d'air des belles soirées hasardent d'étranges arpèges d'harmonica dans les stalactites de cristal de ce lustre qui éclaira tant d'épaules bien nourries dansant sur les airs coupables d'Offenbach.

Ah ! mais aussi, de la terrasse du coupable Casino d'antan, on a vue sur une saine et drue pelouse verte de *Lawn-tennis* où toute une jeunesse en vérité moderne, musclée, douchée et responsable de l'Histoire, donne cours à ses *animal spirits,* les bras nus, le torse altier et responsable devant des Jeunes Filles instruites et libres qui vont, boitant élégamment avec leurs chaussures plates, tenant tête au grand air et à l'Homme (au lieu de cultiver leur âme immortelle et de songer à la mort, ce qui, avec la maladie, est l'état naturel des chrétiens).

Au-delà de cette verte pelouse de jeunesse en vérité moderne, c'est les premières collines, et la chapelle grecque aux coupoles dorées, avec ses caveaux où l'on relègue tout ce qui meurt de la famille des princes Stourdza.

Et plus bas, la villa X., où boude, peu lettrée d'ailleurs, une reine catholique déchue, chez qui l'on s'inscrit de moins en moins, et qui croit toujours achalander, comme autrefois, la localité, de sa présence.

Et puis des collines, des sites de chromo retouchés de donjons romantiques et de cottages à croquer.

Et sur cette folle petite ville et son cercle de collines, le ciel infini dont on fait son deuil, ces éphémères féminines ne sortant jamais, en effet, sans mettre une frivole ombrelle entre elles et Dieu.

Le comité des fêtes va bien : nuits vénitiennes, enlèvements d'aérostats (l'aéronaute s'appelle toujours Karl Securius), carrousels d'enfants, séances de spiritisme et d'anti-spiritisme ; toujours au son de ce brave orchestre local que rien au monde n'empêcherait d'aller chaque matin aux Sources, à sept heures et demie, jouer son choral d'ouverture de la journée, puis, l'après-midi sous les acacias de la Promenade (oh ! les soli de la petite harpiste qui se met en noir, et se pâlit avec de la poudre, et lève les yeux au plafond du Kiosque, pour se faire enlever par quelque exotique névropathe à l'âme frémissante comme sa harpe !), puis, le soir, dans la lumière électrique obligée (oh ! la marche *d'Aïda* sur le cornet à piston vers les étoiles indubitables et chimériques !...)

Donc, en définitive, cette petite station de luxe, la voilà, comme une ruche distinguée, au fond d'une vallée. Tous, des couples errants, riches d'un passé d'on ne sait où ; et point de prolétaires visibles : (oh ! que les capitales fussent de fines villes d'eau !) rien que des subalternes de luxe, grooms, cochers, cuisiniers blancs sur le pas des portes le soir, conducteurs d'ânes, piqueurs de vaches laitières pour phtisiques. Et toutes les langues, et toutes les têtes qu'embellit la civilisation.

Et au crépuscule, à la musique vraiment quand, bâillant un peu, on lève les yeux et voit cet éternel cercle de collines bien entretenues, et ces promeneurs qui tournent avec des sourires aigus et pâles, on a à la folie le sentiment d'une prison de luxe, au préau de verdure, et que c'est tout des malades déposés là, des malades de romanesque et de passé, relégués là loin des capitales sérieuses où s'élabore le Progrès.

On soupait tous les soirs sur la terrasse ; non loin, la table de la princesse T... (grande brune mal faite et surfaite) qui croyait faire de l'esprit (quelle erreur !) parmi ses familiers qui le croyaient comme elle (erreur ! erreur !) ; – moi, je regardais le jet d'eau jaillir et monter damnablement vers l'étoile de Vénus qui se levait à l'horizon, tandis que, éveillant les échos de la vallée, montaient aussi des fusées, des fusées telles que d'autres jets d'eau encore, mais plus congénères des étoiles, – des étoiles aussi indubitables et chimériques à ce jet d'eau et à ces fusées, d'ailleurs, qu'à la marche *d'Aïda* fulminée nostalgiquement par ce roseau pensant de cornet à piston. C'était ineffable comme tout, ces soirées-là. Vous qui y étiez et n'y avez pas attiré votre fiancée inconnue, comme l'aimant attire la foudre, ne cherchez plus, car celle que vous trouveriez désormais ne serait qu'une *autre*, une pauvre *autre*.

Ô petite ville, vous avez été mes seules amours, mais en voilà assez. Depuis qu'elle (Elle) est décédée, je n'y reviens guère, je ne m'y frotte guère ; ce n'est pas sentimentalité (bien que la sentimentalité ne soit pas ce qu'un vain peuple pense), mais un je ne sais quoi qui n'a de nom dans aucune langue, de même que la voix du sang.

II

Ce fut le jour de la Fête-Dieu.
Depuis le matin les vieilles cloches carillonnaient.

> *Cloches, mes cloches !*
> *Divins reproches !...*

Mais ces cloches divines contrastaient trop avec certains intérêts de mesquine réclame. En effet, il devait y avoir procession, la grand-place en était la principale station, et sur cette grand-place, tous les ans, les deux hôtels d'Angleterre et de France réveillaient les pénibles rivalités de Waterloo et du Grand-Prix, dans la mise en scène de leurs reposoirs.

L'opinion publique *(vox populi, vox Dei)* donna cette fois encore la palme à l'hôtel d'Angleterre.

Et, de fait, outre l'arrangement classique, sur le tapis à tringles de cuivre couvrant les marches du perron, des quatre tableaux de sainteté avec jardinières de table-d'hôte et candélabres toutes bougies allumées au soleil de juin, voilà que ce repaire de fils d'Albion exhibait, au haut de la dernière marche, dans un fouillis d'éventails de palmiers, une Sainte-Thérèse (la patronne de l'endroit) dont l'hystérique rococo polychromé tirait malsainement l'œil. Tandis que l'hôtel de France n'avait su que renchérir sur ses orgies de fleurs de l'année d'avant.

Il est vrai que, au troisième angle de la grand-place, l'hôtel de la duchesse H. interposait, pour la sauvegarde du bon ton et l'édification des masses, la sérénité supérieure d'un reposoir à lui : trois bonheur-du-jour supportant, parmi des pivoines, des plumes de paon et des bougies roses, entre une Sainte-Famille de Tiepolo et une Madeleine attribuée à Lucas Cranach, le blason de la noble dame, brodé sur écu de peluche amarante.

N'importe, il n'y eut qu'une voix pour proclamer la victoire de l'Angleterre. Mais victoire brutale, victoire de clinquant et de paganisme impressionniste, victoire qui sera payée cher, plus tard, dans un monde meilleur.

Tandis que le reposoir de l'hôtel de France, sans vouloir discuter l'à-propos de ses charmantes corbeilles de lys (qui ne filent pas), allait être le théâtre d'une seconde édition plus esthétique du Miracle des Roses !

Oui, le légendaire Miracle des Roses !

29

Du moins aux yeux de celle qui en fut l'héroïne, touchante et typique créature trop tôt enlevée à l'affection des siens et au dilettantisme de ses amis.

Sur la grand-place où les hôtels d'Angleterre et de France sont à réveiller les pénibles rivalités de Waterloo et du Grand-Prix, et qui va être la principale station de la procession de la Fête-Dieu, stationnent déjà au soleil des groupes d'étrangers flambant à mode que veux-tu (au lieu de cultiver leur âme immortelle, etc.) et de simples gens locaux.

C'est beau, cela, au grand soleil de juin, mais, ah ! voici entrer en scène un être de crépuscule.

– Êtes-vous bien ainsi, Ruth ?

– Oui, Patrick.

Sous le péristyle d'entrée de l'hôtel, la jeune malade s'allonge décemment en sa chaise longue, son frère Patrick l'enveloppe bien de plaids, tandis que le portier galonné installe à sa gauche, avec une giflable obséquiosité, un paravent.

Patrick s'assied au chevet de sa sœur ; il tient son mouchoir diaphane comme un parfum, sa bonbonnière de cachou à l'orange, son éventail (un éventail, ô ironie et triste caprice de la dernière heure !), son flacon de musc naturel (le dernier réconfort des mourants) ; il tient ces tristes accessoires du rôle de sa sœur, il les tient, constamment au service de ses regards, regards déjà réinitiés aux altitudes originelles d'au-delà la vie (la vie, cette diète de néant), regards occupés en ce moment à méditer sur la nuance de mains aux phalanges tristement nacrées, les siennes.

Ruth n'a jamais été mariée ou fiancée, et son annulaire gauche aux phalanges tristement nacrées porte une alliance, fort mince il est vrai (encore quelque mystère).

Idéale agonisante, trop tôt enlevée au dilettantisme de ses amis, en sa robe gris de fer aux longs plis droits, un carrick de fourrure sur les épaules et haut col de dentelle blanche fermé, comme broche, d'une vieille et mince pièce d'or aux trois fleurs de lys ; cheveux d'ambre roux massés sur le front et minutieusement tressés en doux chignon plat à la Julia Mammea sur la nuque pure ; yeux effarés, bons mais inapprivoisables ; petite bouche gourmande mais exsangue ; air trop tard, trop tard adorable ! Trop tard adorable, car comment ce teint de cire s'empourprerait-il désormais dans des scènes de jalousie ?...

Elle dit, sans doute pour s'écouter dire encore quelque chose :

– Ah, Patrick, le bruit de ce gave me fera mourir...

À côté de l'hôtel, cascade, en effet, le gave.

– Allons, Ruth, ne vous faites pas des idées.

Alors elle fourrage, pour s'étirer l'humeur, dans les fades roses-thé (le médecin lui a défendu les roses rouges couleur de sang) jonchant sa couverture à damier noir et blanc, puis conclut, comme toujours, mais avec une moue finement martyre qui dissipe tout soupçon de pose.

– Faible, Patrick, faible, en vérité, comme un sachet éventé…

C'est le frère et la sœur, mais de mères différentes (très différentes), lui son cadet de quatre ans, adolescent et noble comme un vert sapin de son pays. Ils sont descendus il y a deux mois dans cet hôtel dont ils habitent un pavillon retiré.

– Faible, Patrick, faible comme un sachet éventé…

Trop pure, en effet, pour vivre, trop nerveuse pour vivoter, mais aussi trop de diamant pour se laisser entamer par l'existence, l'inviolable Ruth, tel un sachet, s'évente peu à peu, de stations d'hiver en stations d'hiver, vers le soleil ami des cimetières, des décompositions et des poupées de cire vierge.

L'an passé on la vit aux Indes, à Darjeeling, et c'est là, oh ! juvénile phtisique ! que sa tuberculose s'est condimentée d'hallucinations. Ceci à la suite d'un étrange suicide dont elle (déjà pourtant retirée du conflit de ce bas monde sanguin) s'est trouvée improvisée par une nuit de lune, au fond d'un jardin, l'inspiratrice éperdument involontaire et l'unique témoin. Et depuis cette nuit-là, dans le fin sang de poitrinaire qu'elle crache, elle croit toujours voir le sang rouge et passionné, le sang même de l'énigmatique suicidé, et elle délire à ce sang si radicalement répandu des choses concises et poignantes.

Phtisique, hallucinée : quoi qu'il en soit du fond de tout ce romanesque, la jeune dame « n'en a pas « pour longtemps, » comme on se permet de le siffloter dans les sous-sols de l'hôtel, à l'office (cet étage est sans pitié).

Allons, ainsi qu'en un rêve qui interrompt, pour une saison ou deux, ses voyages personnels et son développement de héros, le bon Patrick suit, d'un œil fataliste, les mourantes mourantes aurores des taches hectiques aux pommettes de sa sœur et les lunules de sang à ses mouchoirs. Il ne vit que penché sur le bord de ses yeux, tantôt aigus comme ceux des inapprivoisables oiseaux des Atlantiques, tantôt en brouillard de goudron, et penché sur les veines bleuâtres de ses tempes, bleuâtres comme des éclairs de chaleur, et la servant à table, la promenant, lui apportant chaque matin un bouquet sans soucis, lui montrant des images coloriées, lui jouant au piano les petites choses norvégiennes d'un album de Kjerulf, lui faisant des lectures d'une voix toute spontanée.

Justement Patrick, en attendant l'arrivée de la procession, et pour ne pas faire trop attention à quelques grossiers indiscrets stationnant au bas du perron, achève à sa sœur une lecture de *Séraphita.*

–... « Comme une blanche colombe, une âme « demeura un instant posée sur ce corps... »

– C'est facile à décrire ! dit Ruth ; non, c'est décidément de la basse confiserie séraphique, cette étude ; cela sent Genève où ça a été composé. Et ce messager de lumière qui a une épée et un casque ! Pauvre, pauvre Séraphita ! non, ce Balzac au cou de taureau ne pouvait pas être ton frère.

Et sublime de réserve, Ruth se remet à fourrager d'une main dans les roses-thé qui jonchent le damier noir et blanc de sa couverture, jouant de l'autre avec une étrange plaque émaillée qui semble cadenasser d'ésotérisme sa poitrine sans sexe.

Étrange, étrange, en effet, cette plaque d'émail qu'elle caresse sur sa poitrine sans sexe ! Approchons-nous, de grâce ; c'est un émail champlevé, d'un goût barbare et futur, un énorme et splendide œil de queue de paon sous une paupière humaine, le tout encadré de cabochons exsangues. À Paris, un jour de mai, au Bois, un pauvre diable, que depuis quelque temps Ruth trouvait toujours sur son chemin, sortit d'un buisson, suivit sa voiture, et jeta à ses pieds cette plaque d'émail, en lui disant d'une voix toute naturelle : – « Pour vous seule, en vous faisant observer que le jour où vous la quitteriez, je me soustrairais à la vie. » Or, un soir, comme elle entrait dans un salon, un monsieur s'évanouit à son aspect. Revenu à lui, ce monsieur balbutia que c'était, non pour elle, mais pour la plaque d'émail qu'elle portait sur la poitrine, et qu'il la priait de lui céder cette plaque pour sa collection. Ruth refusa, raconta l'histoire, donna tout ce qu'elle savait du signalement de ce fou. L'amateur se mit en quête, échoua, languit, vint un jour chez Ruth et y rendit à la grande nature sa pauvre âme d'amateur de choses artificielles.

Et voilà le grand secret lâché ! Cette Ruth, cette charmante agonisante, par une insondable fatalité, passe sa vie à répandre le suicide sur son chemin, sur son chemin de croix.

Avant de venir attrister cette petite ville d'eaux, Ruth opérait à Biarritz ; et malgré son horreur du sang, elle voulut voir une course de taureaux à San Sebastian.

Ruth et son imperturbable frère se trouvaient au-dessus du toril, dans la loge du gouverneur. Ah ! comme elle vibrait en sa large toilette d'étamine thé, toilette sommairement drapée, sans plissés ni volants, hâtivement bâtie avec l'en-allé bâclé d'un linceul, pour ne pas insulter, semblait-il, par une coupe trop accusée, un fini trop résistant, à la désagrégation en dehors des modes et sans défense de celle qui devait la porter !

Il faut admettre que le sang bestial qui coulait là, bu lentement par le sable de l'arène, supplantait celui de son cauchemar normal.

Décemment, sans un haut-le-cœur, elle avait exulté déjà devant six haridelles éventrées à l'aveugle, quatre taureaux lardés d'entailles et finalement enferrés, et deux banderilleros culbutés, l'un même blessé à la cuisse. Elle retenait chaque fois le bras du gouverneur-président, quand le cirque entier lui intimait, de ses mille mouchoirs agités, d'agiter le sien pour faire cesser le massacre des chevaux des picadores et appeler les banderilleros.

– Oh ! pas encore, *signor presidente*, un engagement encore, c'est le plus beau...

Au cinquième taureau, une bordée de quolibets s'était abattue sur le trop faible *signor presidente*. Deux chevaux gisaient râlant tendrement dans les pattes l'un de l'autre attendant qu'on les achevât ; on en ramenait deux autres perdant des paquets de boyaux. Enfin, sur un signe, les lourds picadores vêtus de jaune s'étaient retirés, laissant le taureau seul, dans un silence prêt, en face du banderillero qui l'attendait avec ses deux enrubannées javelines en arrêt. Il saignait, le pauvre taureau, de maintes éraflures très réussies (c'est-à-dire à fleur de chair pour exaspérer sans affaiblir). Il bondit, puis tourna court, revenant flairer et retourner de ses petites cornes les masses flasques des deux chevaux gisants, et se campant devant eux, le front bas, en sentinelle fraternelle, et comme cherchant à comprendre. En vain, le banderillero, posant, l'appelait, le gouaillait, lui lança même son bonnet à grappes de soie noire dans les pattes, le taureau s'obstinait à chercher, fouillant le sable d'un sabot colère, tout hébété de ce champ clos aux clameurs multicolores où il n'éventrait que des rosses aux yeux bandés ou de rouges flottantes loques.

Un capador enjamba la barrière et vint lui lancer au mufle une outre dégonflée ; on applaudit.

Et alors, voilà que soudain, devant ces vingt mille éventails palpitant dans un grand silence d'attente à splendide ciel ouvert, cette bête s'était mise, le col ostensiblement tendu vers Ruth, comme si seule elle était cause de toutes ces vilaines choses, à pousser au loin des pacages natals un meuglement si surhumainement infortuné (si génial, pour tout dire) qu'il y eut une minute de saisissement général, une de ces minutes où se fondent les religions nouvelles, tandis qu'on emportait évanouie et délirante, qui ? – la belle et cruelle dame de la loge présidentielle.

Et Ruth reprenait d'une façon déchirante son refrain :

– Le sang, le sang... là, sur le gazon ; tous les parfums de l'Arabie...

Et, naturellement, Ruth ayant passé par là, l'hécatombe de taureaux et de chevaux devait se compléter bien étrangement, en ce jour ! Oui, ce *signor presidente* qui voyait notre jeune et typique héroïne pour la première fois et sans autrement la connaître, cet être singulier, avec sa face de fièvre jaune et ses lunettes d'or, impassible et somnolent créole devant les exigences et les quolibets de tout un cirque, se suicidait le soir même, laissant à l'adresse de

Ruth, avec quelques bibelots (souvenirs de l'exil consulaire aux colonies, exil qui lui avait fait sa lasse et étrange âme, disait-il), une énigmatique et noble lettre qu'heureusement Patrick put intercepter, renonçant d'ailleurs à saisir l'à-propos de cette épidémie de bizarres scènes.

Et qui les conçut jamais, sinon Celui qui règne dans les cieux ?

III

Les cloches ayant repris haleine comme des personnes, s'étourdirent encore un coup au sein de la Nature irraisonnée qui ne sait pas si elle est plus « naturée » que « naturante », et n'en joint pas moins les deux bouts.

On sentait approcher, en rumeur, la procession de Celui qui règne dans les cieux. On entendait la fanfare. La procession parut.

D'abord deux enfants de chœur à robe garance, portant, de l'air traditionnel et blasé, l'un l'encensoir, l'autre la haute croix de vieil argent.

Puis, dans un piétinement de troupeau, une école de gamins, deux par deux, endimanchés par de pauvres mamans qui se surpassèrent, tous tenant le livre de cantiques ouvert au fond de leur chapeau, piaulant traînardement des litanies vers les acacias en boule de la Promenade. Les deux premiers, mis comme de petits bouts de bourgeois influents, arboraient une lourde bannière de moire usée dont deux autres, moins influents, tenaient les glands. À un moment, le père de l'un d'eux, sortant de la haie des spectateurs, s'avança dans les rangs, et, avec sa brosse à barbe et un air « de la paroisse », remit en vigueur la raie pommadée du touchant Eliacin. Les quatre derniers de ce troupeau, les plus grands, et tout pâlots dans leur costume noir de communiants, prêtaient l'épaule aux brancards d'une civière où une Pietà, style rue Saint-Sulpice, était. Quatre chantres à gibus roussis, gantés sans nulle parcimonie, une violente écharpe en sautoir, surveillaient le tout, allant et venant, un poing sur la hanche, tels des sergents d'armes.

Puis, venaient des fillettes, angelots en sucre d'orge, tout en blanc ceinturé d'azur, frisées et de muguets couronnées, les bras nus portant des corbeilles pleines de pétales à semer ; quelques bourgeoises cossues les escortant d'une ombrelle maternelle.

Puis, un pensionnat en toilettes simples non d'uniforme, chantant un cantique d'une voix peu brave.

Puis, une cohue de rosières en blanc, quelque congrégation d'Enfants de Marie, couronnées, gantées, excessivement décentes, convoyant çà et là une bannière, quelque civière à idole plastique, de vagues reliques de clocher.

En blanc encore, une théorie recueillie de communiantes voilées à longs plis, les yeux baissés, les mains jointes en pointe, murmurant d'un commun accord des choses apprises par cœur. (Ah ! quand le cœur y est...)

Alors s'avançait, solide, précédé du corps des pompiers, l'orphéon, un orphéon de paysans boucanés, en redingotes et gibus ; cuivres bosselés dans des retours de bals de noces, clarinettes de Jocrisse à la foire, et futaille de la grosse caisse dont la peau portait des bleus, le carton de musique fiché, sale de manipulé, à l'instrument même. Ils équarrissaient en ce moment la marche nuptiale du *Songe d'une Nuit d'Été* de Mendelssohn.

Encore quatre fillettes choisies, avec leurs corbeilles pleines de pétales de roses à semer, et c'était enfin, ses quatre hampes tenues par des gens de poids, le dais rose à franges d'or abritant l'ecclésiastique officiant, lequel, pompeux au dehors mais en lui-même anéanti, offrit à ces fidèles de grand chemin le soleil légendaire du Très Saint-Sacrement.

Et le dais fit halte devant le reposoir de l'hôtel de France !

Ô pas étouffés d'édifiante onction, silence en plein jour au soleil, sonnette tintant grêle et sacrée comme à la messe au moment de l'élévation, coups d'encensoir ! Ce Saint-Sacrement était évidemment le clou de la procession.

Les messieurs s'étaient découverts, nombre de dames s'agenouillaient au bord du trottoir. Nul élégant sceptique ne prit la parole.

Ô silence en plein jour au soleil, sonnette tintant grêle et sacrée comme à la messe au moment de l'élévation, encensoirs élevés par nuages d'hommages ! Tout le monde était aux anges.

Mais pour Ruth, l'infortunée et typique héroïne que j'ai assumée ! ce silence fascinant à crier, cette sonnette grêle et implacable comme au Jugement Dernier, n'est-ce pas l'appareil des désolations de désolation des injustes vallées d'outre-tombe où erre l'autre, le Suicidé, le Suicidé par trop d'amour, le Suicidé sans phrases, avec son trou au front ?...

Elle déjoint ses mains fébrilement pieuses et, s'accrochant au bras de son frère, la voilà qui se remet à vagir du fond de ses limbes somnambulesques :

– Le sang, le sang, là, sur les gazons !... Tous les parfums de l'Arabie... Ô Patrick, si seulement je savais pourquoi. Moi plutôt qu'une autre, dans ce vaste monde où notre sexe est en majorité ?...

Patrick pourrait lui crier à la fin, et devant tout le monde : « C'est toi qui as commencé ! » Mais non, il lui caresse les mains, il lui donne son flacon de sels de musc, doucement, et attend sans scandale, bien que la sentant évanouie.

Le prêtre porteur du Saint-Sacrement se tourne ostensiblement un instant vers la riche jeune malade, et la gratifie à distance d'un remuement de lèvres de son saint ministère.

Et, au même moment, on voit une petite fillette, une petite fillette poussée par un jeune homme qui radieux et crispé se tient là, sortir des rangs, et, rouge de honte, mais comme subissant des ordres terribles, monter le perron et venir effeuiller autour de la chaise-longue de la pauvre évanouie toutes les roses roses de sa corbeille. (Elle faillit d'ailleurs tomber en redescendant.)

Il y a dans la vie des minutes absolument déchirantes, déchirantes pour toutes les classes de la société. Celle-ci n'en fut pas, mais il en est ; et l'exception ne saurait que confirmer la règle.

La procession se remettait en marche, le Saint-Sacrement allait maintenant encenser la Sainte-Thérèse d'un hystérique rococo polychromé de l'hôtel d'Angleterre, avant d'encenser à son tour le blason-reposoir de la duchesse H. Les cantiques avaient repris entête, et la queue de la procession défilait.

Elle défilait, la queue de la procession. D'abord les valets de la reine déchue ; puis, sur deux files, tout un sénat de bourgeois, chapeau à la main, indélébilement stigmatisés par leurs métiers, des apoplectiques bouchers aux pâtissiers pâles ; puis des paysans, voûtés, stratifiés, crânes mal venus, le béret à la main, deux ou trois avec des béquilles, quelques-uns solitaires se racontant des oraisons ; puis les sœurs de charité, larges manches en manchon, cornettes aux ailes palpitantes comme des Saint-Esprit monstrueusement empesés par une religion aux rites envolés ; puis des dames, à ombrelles, et des bonnes ; puis des paysannes à châles d'antan, à goitres tannés ; de distance en distance un homme ou une femme égrenait un chapelet à haute voix, tandis que les voisins murmuraient les répons.

Et la procession de la Fête-Dieu finissait par finir, bêtement tronquée, sur un timide groupe de bonnes.

Et le public indépendant s'écoulait, dans la poussière et les pétales foulés, vers les déjeuners à la carte.

Cependant, tandis qu'on défait le reposoir :

Adieu paniers, vendanges sont faites !...

Ruth s'est réveillée, elle regarde, elle exulte, une main sur la plaque d'émail qui cadenasse sa poitrine sans sexe, de l'autre montrant autour d'elle :

– Ô Patrick, Patrick ! Vois des roses à la place ! Plus de sang, mais des roses d'un sang passé et désormais racheté ! Oh ! donne-m'en une que je touche…

– Tiens, mais c'est pourtant vrai ! fait Patrick sans y penser, d'instinct tendre et tout à sa sœur. Oh ! du sang changé en roses, en vérité !.,

– Alors, il est sauvé, Patrick ?

– Il est, ma foi, sauvé.

Elle emplit ses mains de ces pétales et sanglote dedans.

– Oh, le pauvre ! Maintenant je n'aurai plus à m'occuper de sa situation.

Et cela s'achève en une quinte de toux qu'il faut arroser de cet éternel sirop benzoïque.

Et en effet, grâce aux roses roses, si à propos effeuillées là, de cette fillette anonyme, Ruth était exorcisée de ses hallucinations, et pouvait désormais s'adonner sans partage au seul et pur travail de sa tuberculose, dont elle reprit le journal d'une plume trempée dans un encrier à fleurs bleues genre Delft.

Inutile de dire qu'elle ne sut jamais que, le soir même de cette Fête-Dieu, le frère de la fillette à la corbeille de roses miraculeuses se suicidait à son adresse, dans une chambre d'hôtel, sans autre témoin de l'état de son pauvre cœur que Celui qui règne dans les cieux.

Mais le Miracle des Roses était accompli dans toute sa gloire de sang et de roses ! Alléluia !

Lohengrin, fils de Parsifal

À côté de son cher corps endormi, que d'heures des nuits
j'ai veillé, cherchant pourquoi il voulait tant s'évader de la
réalité.

A. RIMBAUD

I

Oh, qu'ils sont irréparables, même en imagination seulement, les soirs de Grands Sacrifices !...

On avait naturellement choisi ce lever de Première Pleine-Lune implacable et divine, pour la dégradation de la Vestale Elsa, place du parvis Notre-Dame, toutes cloches carillonnant les glas de *Nox Iræ*, en vue de la mer éternelle des beaux soirs.

Sur deux estrades inviolablement drapées de linges, en vis-à-vis, le Concile Blanc et la Corporation des Vestales se tiennent ; une foule chuchotante entre ces deux institutions et toute cette assistance en demi-cercle, tous debout, et yeux bleus, verts, gris, effarés d'attente en vue de la mer surhumaine des beaux soirs.

Il fait grand jour encore ; nulle brise de clémence à taquiner les brèves flammes des cierges.

Oh, qu'est-ce qui s'apprête ?

Oh, de grâce ! que tout cela est blanc et barbare à cette heure, au bord de cette mer en solennel bassin ! Oh, que tout cela est loin de mon village !...

Or ça, à l'horizon tout enchanté, Notre-Dame d'apparaître.

Oh, en effet, la belle pleine-lune vieil or, ahurie, hallucinante, palpable, ronde ! Si près, qu'on dirait un ouvrage des hommes de la Terre, quelque expérience aérostatique des temps nouveaux (oui, une lune naïve en son énormité comme un ballon lâché !).

Cela jette un froid, comme toujours.

Et comme toujours, les crayeuses façades de la place aux balcons pavoisés des professionnels suaires, et la rosace en tombale efflorescence de la Basilique du Silence en prennent une intéressante pâleur ; et semblent de pauvres vieux bijoux de famille, dans cet enchantement tout neuf, les brèves flammes jaunes des cierges.

Salve Regina des Lys !

38

Hostie de Léthé ! Miroir transfigurant ! La Mecque des Stérilités polaires !

Oh, sur l'Océan-ciboire, Eucharistie à meurtrissures, Eucharistie mal cautérisée !

Et, à l'horizon, les flots jusque-là enchantés d'accalmies, exécutant vers elle un va-et-vient berceur, ostensiblement berceur, comme la suppliant de se laisser un peu choir, ce soir, pour voir, qu'on la dorloterait si nuitamment !... Cependant les carillons sont à bout.

Et la foule, alors, d'ululer (tous, hommes, femmes, enfants, vieillards en chœur de soprani grêles) le *Stabat* de Palestrina, mais infiniment expurgé !

Et, à ce signal suraigu, la lanterne-volière du Phare de la Déesse de lâcher les mouettes consacrées !

Ah ! elles s'envolèrent, en piaulements sauvages, tels des oiseaux-phalènes, vers la Grand-Lune, et, tournoyèrent à Son Égard ; et, après ces dévotions préalables, vaquèrent à leur petite pêche des beaux soirs.

On s'est assis, albement, ivre de ces préludes.

Quel silence !...

Le Grand-Prêtre aîné de Séléné s'est levé ; il accomplit les trois offertoires d'encensoir à l'égard de la Pleine-Lune, dans le silence polaire ; puis dit :

« Mes sœurs, comme ces soirs vont décidément à votre beauté !

Voici que nous vient sur les infranchissables lagunes de la mer, l'Immaculée-Conception (la seule) ! – Je vous salue, Vierge des nuits, plaine de glace, que votre nom soit béni entre toutes les femmes, vous qui satinez leurs seins de distinction et y faites sourdre les laits nécessaires. »

Les Vestales se lèvent et, sauf le dernier rang des plus jeunes, encore consacrées au silence, répètent l'invocation, – et toutes alors (en trois temps, mais non sans une certaine lenteur de coquetterie bien excusable) rejettent leur cachemire pâle, défont leur guimpe de lin, et exhibent à l'Astre bienfaisant leurs jeunes poitrines, – oh ! comme autant d'hosties, comme autant d'aspirantes lunes ; – les novices grelottant un peu à sentir durcir leurs amandes sous la caresse du rayon sacré venu de si loin à travers les infranchissables lagunes de la mer.

Or, une d'entre elles, isolée au premier rang, est restée étrangère à cette charmante manifestation, baissant même la tête sur son corsage condamné.

Rassuré, le Grand-Prêtre, qui la surveillait, reprend :

« Amandes des seins, sceaux des maternités, tétez les effluves de l'Eucharistie qui se lève sur la mer, et vient faire sa tournée dans nos dortoirs. Car vous êtes encore ses vierges, dignes d'entretenir ses Mystères, de recéler ses philtres et ses formules incantatoires, dignes de bénir les brioches des noces. Noël ! Noël donc ! au Phare Virginal, à la Vigie des Pôles, au Labarum des Sociétés modernes ! »

Il se rassied.

Le vicaire de Diane-Artémis se dresse, doriquement drapé, pâle comme la statue du Commandeur des Croyants.

« Elsa ! Elsa ! Elsa ! » claironne-t-il par trois fois de son organe de parfait sectaire.

La Vestale isolée au premier rang, la petite femme aux seins honteusement tenus cachés, s'avance sur l'estrade, tête basse, l'air positivement blessée.

« Elsa, Vestale assermentée, gardienne des Mystères, des philtres, des formules et du froment des brioches nuptiales, qu'as-tu fait de la clef de ton répertoire ? Ah ! ah ! tes seins savent une autre caresse que celle si lointaine de la lune, ta chair est inoculée d'une autre science que le culte ; des mains profanes ont dénoué ta ceinture et brisé le sceau de tes petites solitudes ! Que répondrais-tu, par exemple ? »

Elsa articule angéliquement : « Je crois être innocente. Ô méprises cruelles ! » – (et tout bas :

Mon Dieu, que de cancans ! »)

Le Concile Blanc passe outre d'un même geste convenu.

Et le confesseur d'Hécate, surgissant à son tour, déroule l'acte d'accusation.

« Dans la nuit du… etc., etc. »

(Rien que des soupçons en somme ; des soupçons bien terre-à-terre, il est vrai.)

« … Le simple fait d'être soupçonnée publiquement rend impropre au culte. – Veuve Elsa, oubliez que vous fûtes Vestale. Oubliez, au plus terrible à jamais, les Mystères, les philtres, les formules et le levain des brioches ! – Maintenant, veuve Elsa, contemplez une dernière fois la Déesse : car, selon le rite, si, sur trois sommations, votre fiancé ne se présente pas pour vous assumer, on va brûler vos beaux yeux, en les attouchant, le plus délicatement possible, avec l'Aérolithe du Sacrilège descendu parmi nous à la première lune de l'Hégire et qui repose, vous le saviez fort bien, sur des langes, dans l'hypogée de la Déesse, tout au fond de la Basilique du Silence. – Peuple ! on va faire les trois sommations d'usage. »

Et l'on vit bien qu'Elsa ne se donnait même pas la peine de lancer un clin d'œil au hasard de cette foule, d'où elle n'attendait donc nul Chevalier, c'est clair.

Les Matrones aux béguins à bandelettes de Sphinx la font descendre de l'estrade, la dépouillent du cachemire pâle et de la guimpe de lin et de ses perles du culte. On noue les perles dans la guimpe et le cachemire ; et le tout, en un coffret de plomb, va sombrer vers les nécropoles sous-marines ; saisissante succession de symboles.

Ce qui fait qu'Elsa apparaît en fiancée, au bon peuple. – Oh ! intéressante et promise, en longue blême robe étoilée de bas en haut d'œils de plumes de paon (noir, bleu, or, vert, comme on sait, mais il est beau de le rappeler), épaules nues, bras angéliquement laissés à leur nudité, la taille prise juste au-dessous de ses jeunes seins par une large ceinture bleue d'où pend une plume de paon à l'œil plus magnifique encore, et sur ce joyau d'œil central la pauvre tient pudiquement croisées ses petites mains aux longues mitaines bleues ! Mais ses yeux n'en demeurent pas moins succulents comme des bouches, attendu que sa bouche entrouverte a toute la tristesse d'un regard, à cette heure.

Un très perceptible chuchotement d'admiration court parmi les femmes ; et (l'esprit de corps les trouve, hélas ! toujours prêtes) elles chantonnent :

« Heureux ! heureux encore, ma foi, celui qui l'emmènera sous son toit. Elle a d'adorables restes ; – et pas dix-huit ans accomplis… si nous ne nous trompons ? »

Elsa ne daigne confirmer ce détail irrésistible.

Mais un héraut s'avance, il élève vers le peuple, sur une patène, l'aérolithe qui va corroder ces beaux yeux succulents, il sonne aux quatre points cardinaux de son olifant d'ivoire, puis…

– Si vous sonniez un peu plus sérieusement du côté de l'horizon des mers ! lui fait observer Elsa.

– Elle se moque.

– Elle veut nous faire poser. – À l'ordre ! – La clôture de ses yeux !

– Je ne veux rien avoir à me reprocher, déclare le Grand-Prêtre : Héraut, obtempérez et sonnez plus sérieusement du côté de l'horizon des mers !

Le héraut sonne dérisoirement du côté de l'horizon connu des mers ; puis il clame :

« Que celui qui veut prendre pour épouse légitime Elsa, vestale au rancart, s'avance, et le jure à haute et intelligible voix ! »

Elsa ne daigne pas jouer de la prunelle ; elle tourne le dos à la cérémonie, semble inspecter l'horizon si inconnu des mers.

Et personne ne dit mot. – Bien des mères ont mis leurs fils sous clef, aujourd'hui ! – Et puis elle est trop fière aussi ! Cela ne promet guère.

Les deux autres sommations restent sans écho.

« Adjugé ! »

Elsa se précipite : – Oh ! qu'on me passe un miroir, avant !

Un jeune homme sort de la foule et vient présenter à la condamnée un miroir de poche (et tout bas : « Oh ! m'aimerez-vous ? Me suivrez-vous partout avec des yeux fous, si… » – « C'est inutile. Merci bien. »)

Et voilà qu'elle se mire et s'admire ! Et au lieu de se livrer à des élégies sur le sort de ses yeux, elle arrange sa coiffure, lisse l'arc de ses célèbres sourcils, et arrange, arrange encore ses cheveux.

(Quelle absence de sens moral !)

– Maintenant, on voudra bien me laisser faire un bout de prière vers la Lune, notre maîtresse à tous, j'espère ?

Sans attendre qu'on en délibère, Elsa s'agenouille sur le sable du rivage. Et voici que, tendant vers l'horizon tout enchanté des mers ses petites mains aux mitaines bleues, elle se met à psalmodier :

« Bon Chevalier qui m'apparûtes dans cette nuit fatale et mémorable, chevauchant un grand cygne lumineux !

Délaisserez-vous votre servante ? Vous le savez bien, fatal Chevalier, que mes yeux succulents sous mes sourcils célèbres et ma bouche triste sont à votre merci, et que je vous en suivrai partout avec des regards fous.

Ah ! j'ai la chair encore toute évanouie de votre vision et (mettant la main sur son cœur) mon petit cratère m'en fait mal, et je m'en ai découvert des tas de trésors ! Car votre fantaisie, si noble, sera toute ma pudeur, savez-vous.

Joli Chevalier, je n'ai pas encore dix-huit ans accomplis. Dites, venez m'assumer, vous ne vous en mordrez certainement pas les doigts. – *Angelus !* *Angelus !* Je suis la Sulamite ! Je n'ai que la pruderie d'une fleur… »

Elle se penche un instant, sa main devant les yeux, perscrutant l'horizon enchanté ; puis, reprend, traînant sur les mots :

« Oui, je dis bien, à votre merci, ô Prince Charmant ! Et je saurai vous tisser des armures de rechange.

Tenez, je vais vous l'avouer, le goût de ma robe vous fera éclore mainte papille famélique ! – Et les lunes de mes coudes ! qui chatoient aux alouettes des rechutes ! Ah ! ah !…

L'adorable Chevalier me laissera-t-il vieillir aveugle et paria dans cette société bourgeoise ? Je suis belle, belle, belle ! comme un Regard incarné !

Oh ! je vous comprends d'avance ! Oh ! je vous en suivrai partout avec des yeux fous ! Et je resterai si constamment suspendue à la lumière de votre front, que j'en oublierai de vieillir ; oui, j'irai si enchâssée dans votre sillon de lumière, que j'en deviendrai un petit diamant que l'âge ne saurait entamer !

Ah ! non, non, je ne suis qu'une pauvre personne du sexe ! je ne saurai que laver, chaque matin, votre armure de cristal, avec mes larmes… »

Elle se tourne vers l'Exécuteur au cœur cuirassé d'un triple airain :

– Puisque je vous dis qu'il va venir ! Il m'a promis ; vous verrez au moins une fois ce que j'entends par un bel homme. – Ah ! le voilà ! le voilà ! le voilà ! Mais regardez plutôt vous-même !

Les mouettes repiaulaient en détresse vers les volières-dortoirs du Phare.

En effet, ô beau soir...

De l'horizon, au ras des flots résignés, dans l'enchantement de la Pleine-Lune écarquillée, s'avançait, merveilleusement et le col en proue, un grandissime cygne lumineux, chevauché d'un éphèbe, en armure radieuse, tendant les bras, sublime de confiances inconnues, vers le Rivage-Tribunal !
...

Et nos bourreaux de se changer en badauds, attroupés sur la grève, autour d'Elsa effarée, qui peut à peine articuler : « Ne vous bousculez donc pas ainsi ! Vous ne voyez donc pas que vous me chiffonnez ma toilette ! »

Et les bourreaux badauds :

– Quel est cet honnête Chevalier qui s'avance sur les mers, mélodieux de bravoure, franc comme les cimes, le front caronculé de Foi ? Quelles fêtes ! Ô Elsa, nous te félicitons, sans arrière-pensée ; tu auras au moins de beaux enfants. Et comme il chevauche, cet oiseau séraphique, avalanche faite cygne ! Oh ! c'est, pour le moins, Endymion lui-même, le petit jeune homme de Diane. Et que le son de sa voix doit être... providentiel !

Il arrive, glissant, grandissant, magique, gardant sa pose, sûr de tout !...

Que sa famille doit être riche et raffinée ! Oh, dans quels bosquets enchantés prend-elle des glaces, à cette heure ? Est-ce loin, si loin que ça ? ... Y-a-t-il longtemps qu'il est en voyage, lui ?...

Le voici ! Que c'est Lui ! Oh, quelle pourrait avoir avec lui des incompatibilités d'humeur ?

Le gentil Chevalier a mis le pied sur le rivage. Mais avant tout, flattant de la main le col en proue de son beau cygne taciturne et tout héraldique :

« Adieu et grand merci, mon beau cygne quadrigé, reprends ton vol contre cet horizon qu'obstrue la Pleine-Lune, franchis les giboulées d'étoiles, double le cap du Soleil, et revogue entre les berges caillées des myriades de la Voie-Lactée, vers nos lacs sans pareils de Saint-Graal ; va, mon petit cœur ! »

Le cygne éploie ses ailes, et, s'enlevant tout droit dans un frémissement imposant et neuf, cingle, cingle à pleines voiles, et bientôt s'efface tout par-delà la Lune.

Oh, sublime façon de brûler ses vaisseaux ! Noble fiancé !

Quand on l'a dûment perdu de vue, silence glacial et un peu provincial. Le Chevalier s'avance, à peine intimidé, et dit :

« Je ne suis nullement Endymion. J'arrive tout droit de Saint-Graal. Parsifal est mon père, je n'ai jamais connu ma mère. Je suis Lohengrin, le Chevalier-Errant, le lis des croisades futures pour l'émancipation de la Femme. Mais, en attendant, j'étais trop malheureux dans les bureaux de mon père. (Je suis un peu hypocondre par nature.) Oh ! Je viens épouser la belle

Elsa au col de cygne, qui habite parmi vous. Allons, où est sa mère que je lui parle... »

– Elsa est orpheline comme toutes les Vestales, proclame le Héraut.

– Vraiment ! Oh ! la voici, je la reconnais bien ! Oh ! pourquoi te cachais-tu ? Oh ! les belles plumes de paon ! Qui te les a données ? Je te les expliquerai à l'aube ! Mais que tes yeux sont donc... beaux ! que toute ta personne est... accomplie !

Ils tombèrent ensemble aux genoux l'un de l'autre ; ensemble, mais, hélas ! plus ou moins fatalement.

– Bon Chevalier, tout ce que je suis, tout ce que je puis être, mon passé compris, je le prosterne à votre merci. Vous le saviez déjà, et je ne m'en dédis pas.

– Elsa ! non, non, tu es trop précieuse ! (Quel divin spécimen humain !) Relève-toi !

– Je ne suis en effet pas mal ; mais vous m'apprendrez à me connaître à fond. Je suis si susceptible d'éducation ! Dois-je vous tutoyer aussi ?

– Ô ma petite Rosière des Missels !

– Cela vous plaît à dire.

Et alors ! en avant les tocsins nuptiaux ! les cloches, les cloches de la Ville ! Les cloches des beaux dimanches sur les provinces tranquilles ! Allégresse du linge propre, comme si on ne s'était pas sali toute la semaine ! Décente allégresse des pensionnats endimanchés passant sous le grand portail de la cathédrale ! Les cloches ! Les cloches ! Des jeunes, des inquiètes ; des sacrées, mais toutes alternant sans marchander en un même hymne d'avenir ! Ah ! les cloches qui sonnent, n'est-ce pas : « La pure nappe est mise ! Voici la brioche. Dites-vous : voici ma chair et voici mon sang ! »

Les trois vilains prêtres élèvent par trois fois les encensoirs trop bourrés et fumants à l'égard de la Pleine-Lune, toute en topaze, et toute placide dans ces étranges fétichismes.

Et l'on monte processionnellement au Temple, vers les illuminés Jubés nuptiaux, les grandes orgues déchaînant déjà les *Hosannah !* et les *Crescite et multiplicamini !*

– Savez-vous le latin ? demande Elsa.

– Comme ça ; et vous-même ?

– Oh ! je ne suis pas si pédante que cela ! Je ne suis qu'une jeune fille. Et puis, il paraît que le latin dans les mots brave l'honnêteté, je l'ai lu dans un vieil almanach...

Ils s'agenouillent devant la Sainte-Table inviolablement drapée de linges, sous un dais d'oriflammes tout agitées des rafales d'allégresse des grandes orgues.

On commence... Et cela se déroule à grand renfort de sacré...

Les Valves d'or du Tabernacle déhiscent, et c'est l'Ostensoir à patène de lune, démailloté de ses langes, présenté sur un manuterge.

Ils en communient éperdument, sans regards réciproquement obliques.

– Oh ! dit Lohengrin, pour ma part je suffoque sous tes yeux !

Il mouille de longues larmes lustrales les linges de la Sainte-Table.

– Tu verras comme je suis gentille, assure-t-elle tout bas. Comment ! tu claques tes dents ! Mais ne t'impressionne donc pas ! Moi je ne crois à rien d'ici ; ma parole, je considère leur Lune comme une marâtre, une glabre idole de vieux.

– Non, vois-tu, ce sont ces orgues...

– Ah ! tu sais, j'adore la musique, moi !

Les soprani des tribunes ululaient :

« Orphelins énamourés, les prairies de la jeunesse attendent vos hanches défaillantes. Titubant et bêlant le long des ritournelles des nocturnes loriots de vos cœurs, et vous flagellant d'étamines choisies, hypnotisez-vous devers la Lune, pour la saison des semailles, et caressez-vous ensuite bien singulièrement pour déchrysalider vos papillons de nuit ! Car tout le reste n'est que Désir. »

Enfin, l'orgue dévidant l'écheveau d'une fugue sur le thème connu : « Il se fait tard », on sort moins processionnellement qu'on n'était entré, brisé de tant d'émotions contraires.

La nuit serait chaude. Les toits, les grèves, la ville et la campagne dorment gelés de lune ; les pelouses de la mer miroitent inondées de clair de lune de gala ; l'espace est tout saupoudré d'une invisible manne de sortilège.

L'éblouissante hostie est au zénith ! Et l'on aurait presque envie de détacher les gondoles pour aller là-bas, sur l'eau miroir, capturer avec un filet son immobile image si en hostie éblouissante !...

Et leur livrant ce spectacle d'un geste, le Concile crie au couple le jeu de mots traditionnel devant cet étalage de blanc : « Allez, enfants ! *la nappe est « mise. »*

> *Oh ! la nappe*
> *Des agapes !*
> *Allez-vous en, gens de la noce, Allez-vous en chacun chez vous.*
> *Demoiselles en mal d'époux,*
> *Que l'an prochain Dieu vous exauce !*

Les chœurs se perdirent, – laissant ces enfants seuls à leur duo, les pauvres.

45

II

La Villa-Nuptiale, perdue dans une anse en jardin artificiel de la côte, ressortissait du Ministère des Cultes. On la livrait gratis aux nouveaux mariés, pour leur première semaine ; donc nulle sage-femme attachée à l'établissement.

On la croyait très près, à voir si près le merveilleux et solitaire peuplier d'argent qui en disait l'entrée. Mais grâce à d'ingénieux lacets de sentiers fleuris, il fallait des quarts d'heure et des quarts d'heure de duo avant d'arriver entendre chuchoter le merveilleux peuplier du seuil.

Des quarts d'heure de duo ou simplement de bras-dessus bras-dessous d'extase en soubresauts tendres.

– Cher Chevalier, que le clair de lune fait bien sur votre étrange armure de cristal !

– N'est-ce pas ? Et, comme cela élève les âmes !...

– Et moi, sur ma beauté, quel effet fait le clair de lune ?

– Les torsades de vos sombres cheveux n'en sont pas moins chaudes.

– Ah ! et le cœur est à l'avenant. Mais, vous ne me tutoyez plus, pourquoi ?

– Ah ! parce que maintenant vous commencez à être un personnage, un personnage avec qui il faut compter.

– N'est-ce pas ? Mais les bons comptes font les bons amis.

– Que les haies de ces sentiers décourageants sont donc féeriques !...

Le clair de lune était si violent, que les nids en jasaient et que des fourmilières vaquaient à leurs diurnes travaux.

Enfin, voici, à n'en plus douter, le sublime peuplier nuptial, toutes feuilles d'argent frêle frémissantes dans cet enchantement polaire sur fond de ciel bleu d'outre-mer glacé !

Lohengrin quitte brusquement le bras de sa compagne et met genou en terre :

– Oh ! Je croyais être Lohengrin, le Lys fait homme ! Mais, ô glorieux peuplier, que tu me dépasses ! tu es végétant, né là ; tes moindres branches tendent unanimement à l'Empyrée, et ton feuillage d'argent insaisissable chuchote avec une pureté toujours égale, au seuil de cette villa nuptiale, à voir des couples entrer, entrer et puis sortir au bout d'une semaine ; et s'en aller, comme ça.

– Entrons ! entrons ! nous sommes chez nous ! chante Elsa, qui bat des mains.

Ils s'aventurent et tout de suite, sans hésiter, brûlés de malaise et de silence, les pieds très énervés des graviers attiédis, ils se hâtent vers comme des cascades prochaines là-bas, – à travers encore de décourageants labyrinthes d'ifs tondus en corridors et de stratifications étrangement plastiques, et des pic-ploc solitaires d'opalins jets d'eau balsamyrrhés au centre de ronds-points à circulaires terrasses de marbre où se pavanent avec leur traîne immaculée des paons blancs dans le clair de lune.

Mais c'était, en effet, des cascades qu'ils entendaient, un cirque d'éternelles cascades autour d'un bassin dont l'eau, profonde d'un pied à peine et translucide, livrait aux féeries lunaires les scintillants micas de son fond de sable pur.

Ah ! ils rejettent et armure de cristal et traînante robe étoilée de beaux œils de paon : – édéniquement nus, ils entrent dans l'eau avec de petits rires absurdes, et débilement ils vont s'étendre au milieu, comme dans des couvertures idéales, accoudés, causer un peu, reprendre leurs sens.

Ils s'épient, plus ou moins à la dérobée.

Lohengrin, adolescent et supérieur, les jambes trop croisées, en une pose sofalesque.

Elsa s'étirant sous la lune, maigre, toute en lignes dures et gauches (Je hais ces inflexions molles qui coulent d'avance par la satiété à la pourriture), hanches fières, jambes à galoper par les haras pierreux ; et le buste droit sans honte de ses deux seins si peu joufflus qu'elle pourrait les cacher sous des soucoupes.

Accoudée, dans l'eau jusqu'au cou, Elsa dénatte ses cheveux, et les éparpille flottants tout autour de sa face penchée, qui apparaît alors, un instant, parmi ces goémons et sur la tige d'un cou, comme une inhumaine fleur lacustre.

L'effet produit, Elsa se secoue :

– Ah ! j'en avais assez de cette existence de cloître, et de cultes platoniques. Est-ce que tu ne me trouves pas un peu parcheminée ? Oh ! faisons un temps de galop par les pelouses, dis, mon chéri ?

– Comme vous voudrez.

– Ah ! tu ne m'aimes pas. Je m'y attendais bien ! C'était trop beau !

– Si, si, je t'aime ! trop !...

Il tend le bras, et lui donne une cordiale poignée de mains ; et pour se reprendre :

– Mais raconte-moi un peu ta vie, vite, vite.

– Mais, mon chéri, je n'ai pas vécu... jusqu'à cette nuit. (Vous savez que je n'ai pas encore dix-huit ans accomplis ?) – J'ai rêvé de ceci, de cela, de vous, Gentil Chevalier, en somme.

– Et, naturellement, tu sais tout ? Tu ne réponds pas ? Devant tes yeux n'ont jamais passé les planches anatomiques de la destinée des créatures ?...

– Oh ! vous vous repentirez toute votre vie de m'avoir dit cela !

– Mais je n'ai rien dit ! J'ai fait allusion à des choses très naturelles et fort adorables, après tout ! – Ah ! elles auront toujours le dernier mot, soupire Lohengrin, et il regarde dans le vide.

Il se lève ; elle se lève, s'emparant, avec un gracieux geste légitime, de son bras.

– Mais je vous mouille peut-être ? fait-elle.

– Oh ! ne vous gênez pas pour si peu.

Ils font le tour du bassin, s'arrêtant çà et là, au plus beau des cascades, pour en crever un instant, du bout du pied, la nappe miroitante, qui filtre furieuse et glacée entre leurs doigts. Et Elsa en prend prétexte pour se pâmer contre le torse de son chéri. Et lui vous la calme, non par des baisers banals, mais par quelques paroles bien senties.

De guerre lasse, on va s'asseoir sur des berges ardemment gazonnées.

– Comment allez-vous maintenant ? dit-il.

– D'où ?

– Oh ! entends-tu ce hoquet d'un oiseau de nuit quelque part ?

– Oh ! et partout cette rumeur des germinations ? Quelle nuit !…

« Allons ! songe tout bas l'étrange chevalier. Pas d'Absolu, des compromis ; tout est pas plus ; tout est permis. »

Et il s'aventure à la caresser assez curieusement. Puis il fait cette réflexion tout haut : « Cette Villa-Nuptiale sent la fosse-commune. »

– Nous sommes tous mortels, dit-elle d'une voix fortement conciliante.

Enfin il soupire pour deux : « Si nous rentrions ? »

La Pleine-Lune est très, très haut, tuméfiée et couleur de poulpe.

On n'entend par la nuit, pleine de solutions ordinaires, que la crécelle radoteuse des reinettes des étangs.

– Tiens ! Qu'est-ce que c'est que ces architectures là-bas ? – Ah ! oui, il paraît qu'il y a une pierre avec des symboles gravés et des conseils…

– Viens, viens, tu prendras froid.

Ils rentrent sans parler, lui accablé de responsabilités transcendantes, elle chez elle.

Il songe :

> *Nul Absolu ;*
> *Des compromis ;*
> *Tout est pas plus ;*
> *Tout est permis.*

Elle songe :

> *C'est le nid meublé Par l'homme idolâtre,*
> *Les vents déclassés*
> *Des mois près de l'âtre ;*

Rien de passager,
Presque pas de scènes ;
La vie est si saine ;
Quand on sait s'arranger.

Ils entrent. C'est la villa envahie d'herbes folles. Façade en espaliers d'œillets bien rangés, perron de briques roses, balcon de faïence à fleurs, toit de chaume, girouette en chatte qui miaulera. Corridors sonores, trop d'escaliers tournants. Pièces vides. Noms et dates gravés au diamant dans les glaces. Étages, montée, descente : il avait raison, cela sent la fosse-commune.

Quel dommage, quelle pitié, que dehors sur les pelouses il fasse trop frais ! Lui qui est déjà si transi.

Voici des dépouilles d'ours noirs et des oreillers pâles dans une pièce mansardée dont la fenêtre en ogive donne sur les solitudes de la mer et a livré passage à l'inondation du clair de lune !

Est-ce la vie, ou une nuit d'hallucination, à la fin ?

Accoudé, Lohengrin peut voir la nuance de l'ombre des cils sur la joue d'Elsa, d'Elsa blottie jusqu'aux épaules dans les farouches fourrures.

– Qu'est-ce que vous regardez là ? fait-elle.

– Je songe aux merveilles de l'organisation du corps humain.

Un silence. Elsa se soulève et s'accoude :

– Oserai-je m'exprimer ? fait-elle.

– Dites.

– Mais le puis-je vraiment ? Ô vous que j'ai vu en rêve pourtant, et si bon, si éloquent ! Et qui m'avez conduite ici ! Le puis-je, dans la sincérité de ce que tout m'a fait ?

– L'Éternel féminin ! voilà, petite sœur, ce que c'est que t'avoir laissé faire humanité à part. Et si nous nous mettions, nous, à organiser l'Éternel masculin.

– Oh, allez ! c'est fait…

– Et les hommes de génie ! Pourquoi les faites-vous souffrir tout particulièrement, les hommes de génie ? D'où, cet instinct qui confond le penseur à certaines heures ?…

– Je ne sais pas, puisque c'est un instinct.

– Eh bien, c'est pour leur faire suer des chefs-d'œuvre, que vous les faites particulièrement souffrir ! vous savez que c'est surtout les chefs-d'œuvre hallucinés de ces malheureux qui vous redorent à chaque génération votre blason pour mieux attirer la génération suivante à vos filles.

– Eh bien ? puisque tout le monde y gagne !…

– Oh, mon Dieu ! mon Dieu ! Est-ce une simple esclave séculaire et sans malice ?

49

Est-ce un espion transcendant ? Oh, si, tandis que l'homme enterré pourrit sans plus, la femme, elle, partait dans un monde féminin où on la récompenserait, selon la qualité et la quantité de dupes qu'elle aurait, ici-bas, fait travailler pour l'Idéal !...

— Ouf ! Qu'il fait chaud !...

— Tu ne réponds pas à mes doutes ?

— Je te jure que je ne sais rien, que je t'aime sans autre souci que te plaire pour que tu m'adoptes. Et crois-tu que je n'aurai pas mes douleurs, moi aussi, mes douleurs, mes douleurs !...

— Oh ! ne pleure pas ainsi ! Ne pleure pas ! Fais-moi un sourire : mieux que ça ! Voyons, chante-moi quelque chose.

— Je ne sais que des rondes de petites filles.

— Parfait ; j'écoute.

Elsa tousse un peu, puis chante avec un reste de larmes dans la voix :

> *Sanson a cru en Dalila,*
> *Ah, dansons, dansons à la ronde !*
> *La plus belle fille du monde*
> *Ne peut donner que ce qu'elle a.*

— Qui vous a appris cela ? Si vous saviez quelque chose de moins épithalame.

Elsa psalmodie, la main sur le cœur, les yeux au ciel de lit :

> *Tu t'en vas et tu nous laisses,*
> *Tu nous laisses et tu t'en vas,*
> *Défaire et refaire ses tresses,*
> *Broder d'éternels canevas.*

— Non ! savez-vous que ce n'est pas très bien ! Seriez-vous libidineuse, Elsa ?

— J'ignore le sens de ce mot. — Ah ! mais, chantez donc, vous, alors !

Lohengrin déclame d'un accent exemplaire :

> *Il était un roi de Thulé*
> *Qui, jusques à la mort fidèle,*
> *N'aima qu'un cygne aux blanches ailes*
> *Voilier des lacs immaculés,*
>
> *Quand la mort vint...*

Mourir ! mourir ! oh, je ne veux pas mourir ! Je veux voir toute la terre. Je veux savoir la vérité sur la Jeune Fille.

Il sanglote désespérément la face dans son oreiller. Elsa se penche vers sa tempe ; et, sur sa tempe enfièvre, avec une infernale sincérité, elle souffle :

— Enfant, enfant, enfant, connais-tu les pompes voluptiales ? Vois les bonbons de mes jeunes seins, touche comme ma chevelure d'un noir tendre est sensuelle, sens, sens un brin mes pubéreuses… Ô rancœurs ennuiverselles ! expériences nervicides, nuits martyriséennes ! – Aime-moi à petit-feu, inventorie-moi, massacre-moi, massacrilège-moi !

– Mais, vous divaguez ? Vous me feriez craindre pour votre…

– Ah ! pourquoi aussi me boudes-tu comme ça ! À la fin, c'est blessant !

– Je boude, parce que.

– Pourquoi ? pourquoi ? Moi, je ne demande qu'à t'aimer.

– Eh bien, parce que je déteste vos maigres hanches ! je n'admets que les hanches larges, moi ! Elles rappellent du moins avec franchise l'esclavage des parturitions lequel est au bout de toutes ces belles choses, après tout.

– Ne me dis pas ça ! Que t'ai-je fait ?

– Pardon ! pardon ! ne pleure pas ! C'était par méchanceté. Oh ! mais, c'est que je les adore au contraire, les hanches dures et droites !

– Bien vrai ?

– Oui, à la folie ! il n'y a qu'elles !

– Eh bien, alors ?

– C'est que, voilà ; je déteste en toi ceci, que, ayant des hanches sèches, bref anti-maternelles, tu marches cependant avec ce dandinement perpétuel de petit mammifère délesté depuis quelques jours à peine des kilos de ses couches (qu'est-ce qui vous fait rire ?) oui, dis-je, ce dandinement, comme tout étonnée de se trouver si légère après neuf mois de corvée, et t'en allant plus légère que nature, comme profitant de ta légèreté d'entracte, avant que ça recommence, et faisant même de ce dandinement de délivrance un appât à de prochains obérateurs ! Moi, j'appelle ça de l'aberration, de la légèreté. Tu saisis ?

– Oui, oui, je n'avais jamais songé à tout cela. Mais je m'observerai, oh ! je ferai tout selon tes principes, mon chéri.

– Eh non ! il n'y faut pas songer : c'est incurable. Allons bon ? encore des larmes ! ne pleure pas ! ne pleure pas ! Tu sais que je ne peux pas souffrir les larmes.

Lohengrin lui passe délicatement la main sur le cou pour la calmer.

– Tiens, que ta main est originale ! dit-elle.

Elle fait la morte ; elle se souvient que le premier compliment de l'original chevalier a été pour son col de cygne ; mais non, sa main insiste sur un point…

– Comment appelez-vous ça ?

– Je ne sais ; la pomme d'Adam.

– Vous dites ?

– La pomme d'Adam.

– Et ça ne vous rappelle rien ?

– Ma foi non.

– Eh V… va donc ! Moi, ça me rappelle les plus mauvais jours de notre histoire ! – Oh ! ne pleure pas ! ne pleure pas ! c'est fini, je te dis que j'ai fini.

– Bien vrai, mon chéri ?

– Tiens, laisse-moi sommeiller, me recueillir, un quart d'heure, dans le silence de la nuit, – et puis, au nom de cette nuit irrésistible, ma parole, je vais me mettre en devoir de t'adorer grandement.

– Comme tu voudras, mon trésor.

Lohengrin, l'original chevalier, lui tourne le dos, et alors s'emparant plus que follement de son oreiller, et le tenant, en étreinte maladroite, éperdument embrassé, sous sa poitrine et contre sa joue, commence à lui vagir, tel un enfant, un incurable enfant, je vous dis !

« Ô mon bon, bon, bon oreiller, tendre et blanc comme Elsa ! Ô ma petite Elsa, bébé inconscient qui t'étonnes de ma profondeur, bébé succulent, nubile à croquer, boîte-à-surprises, que ton être aux divins organes est une trouvaille ! Ah ! je veux t'aimer à tâtons, trouver le chemin de ton âme !…

Où es-tu ? où es-tu ? que je t'adore de partout ! Ô mon bon, bon oreiller, tu n'as bientôt plus une seule petite place fraîche pour mon front (après cette journée fatigante !) Mon bon oreiller, blanc et pur comme un cygne ! Tu m'entends ?

Tu m'entends, mon cygne, mon cygne ! Oh, que ce soit toi, pâle et ne chantant jamais ! C'est toi !

Je me cramponne à la proue de ton col insubmersible ; emporte-moi par-delà les mers immaculées ; ravis-moi, pauvre Ganymède, en spirales, par-delà les berges de la Voie-Lactée, et les giboulées d'étoiles, et le cap fallacieux du Soleil, vers le Saint-Graal où Parsifal, mon père, prépare un plan de rachat pour notre petite sœur humaine et si terre-à-terre !…

Tu sais tout cela, mon bon, mon tendre cygne ! J'y suis, je me tiens bien, je retiens ma respiration ! – Adieu, vous !… »

Oh ! la fenêtre de la salle nuptiale éclata follement sous un cyclone de féerie lunaire ! et voici que l'oreiller, changé en cygne, éploya ses ailes impérieuses et, chevauché du jeune Lohengrin, s'enleva et, vers la liberté méditative cingla en spirales sidérales, cingla sur les lagunes désolées de la mer, oh, par-delà la mer ! vers les altitudes de la Métaphysique de l'Amour, aux glaciers miroirs que nulle haleine de jeune fille ne saurait ternir de buée pour y tracer du doigt son nom avec la date !…

Et c'est depuis lors, qu'à de pareilles nuits, des poètes célèbrent froidement et inviolablement dans leur front certaine petite fête de l'Assomption.

Salomé

Naître, c'est sortir ; mourir, c'est rentrer.
(Proverbes du royaume d'Annam recueillis par
le P. Jourdain, des Missions Étrangères).

I

Il faisait ce jour-là deux mille canicules qu'une simple révolution rythmique des Mandarins du Palais avait porté le premier Tétrarque, infime proconsul romain, sur ce trône, dès lors héréditaire par sélection surveillée, des Îles Blanches Ésotériques, dès lors perdues pour l'histoire, gardé toutefois cet unique titre de Tétrarque, qui sonnait aussi inviolablement que Monarque, outre les sept symbolismes d'état attachés à la désinence *tétra* contre celle de *monos.*

En trois pâtés aux pylônes trapus et nus, cours intérieures, galeries, caveaux, et le fameux parc-suspendu avec ses jungles viridant aux brises atlantiques, et l'observatoire ayant l'œil en vigie à deux cents mètres chez le ciel, et cent rampes de sphinx et de cynocéphales : le palais tétrarchique n'était qu'un monolithe, dégrossi, excavé, évidé, aménagé et finalement poli en un mont de basalte noir jaspé de blanc qui projetait encore une jetée de sonore trottoir, à double file de peupliers violet-gros-deuil en caisses, fort avant dans la solitude mouvante de la mer jusqu'à cet éternel rocher, l'air d'une éponge ossifiée, tendant un joli phare d'opéra-comique aux jonques noctambules.

Titanique masse funèbre veinée de blême ! Comme ces façades d'un noir d'ivoire réverbèrent mystiquement le soleil de juillet d'aujourd'hui, ce soleil sur la mer qu'ainsi réverbéré en noir les chouettes du parc-suspendu peuvent contempler sans ennuis du haut de leurs poudreux sapins !…

Au pied du môle, la galère qui la veille avait amené ces deux intrus de princes, soi-disant fils et neveu d'un certain Satrape du Nord, se balançait sur ses amarres, commentée par quelques silhouettes oisives, mais pures de gestes à la manière indigène.

Or, sous le plein-midi si stagnant encore, la fête n'éclatant d'ailleurs officiellement qu'à trois heures, le palais faisait la grasse après-midi, tardait à s'étirer de sa sieste.

On entendait les gens des Princes du Nord et ceux du Tétrarque rire aux éclats, dans la cour où convergeaient les gouttières, rire sans se comprendre, jouant aux palets, échangeant leurs tabacs. On montrait à ces collègues étrangers comme veulent être étrillés les éléphants blancs…

– Mais il n'y a pas d'éléphants blancs chez nous, faisaient-ils entendre. Et ils voyaient ces palefreniers se signer comme pour conjurer des propos impies. Et lors ils béaient aux paons flânant en rond, la roue irradiée au soleil, au-dessus du jet-d'eau ; et puis s'amusaient, ils en abusaient même ! des échos gutturaux que se remballaient, dans la chaotique disposition de ces étages de rocs, leurs appels barbares.

Le Tétrarque Émeraude-Archetypas parut sur la terrasse centrale, se dégantant au soleil Aède universel au Zénith, Lampyre de l'Empyrée, etc. ; et ces gens rentrèrent prestement vaquer à des besognes.

Oh, le Tétrarque sur la terrasse, cariatide de dynasties !

Derrière lui, la ville, déjà en rumeur de fête, essorant ses copieux arrosages ; et plus loin, après les remparts pour rire et tout émaillés de fleurettes jaunes, comme la plaine s'étalait heureuse : jolies routes à petits pâtés de silex concassés, damiers des cultures variées ! Devant lui, la mer, la mer, toujours nouvelle et respectable, la Mer puisqu'il n'y a pas d'autre nom pour la nommer.

Et l'unique ponctuation du silence était maintenant les joyeux abois clairs de chiens, là-bas, que des gamins, luisant nus dans les micas des sables torréfiés, lançaient, sur d'exotiques sifflements, contre la volute déferlante de la ligne de la mer, la mer au ras de laquelle ces enfants faisaient tout à l'heure des ricochets avec leurs flèches de rebut.

Or, accoudé au frais de ruisselets invisibles, parmi les clématites de la terrasse, c'était en méandres décousus, tristes et sans art, que le Tétrarque rejetait boudeusement la fumée de son houka de midi. Un instant, hier, à cette louche arrivée d'un messager annonçant les Princes du Nord, son sort trop comblé sur ces îles trop comblées avait balloté entre les terreurs immédiatement domestiques et l'absolu dilettantisme qui saura jouir de son vatout dans la débâcle.

Car il appartenait à ces fils du Nord, mangeur de viandes, aux faces non épilées, ce malencontreux Iaokanann tombé ici un beau matin, avec ses lunettes et sa barbe rousse inculte, commentant dans la langue même du pays des brochures qu'il distribuait, gratis, mais en leur faisant l'article de si perturbatrice façon, que le peuple avait failli le lapider, et qui méditait à cette heure au fond de l'unique oubliette du palais tétrarchique.

Le vingtième centenaire de la dynastie des Émeraude-Archetypas allait-il avoir pour bouquet de feu d'artifice une guerre de l'autre monde, après tant de siècles d'ésotérisme sans histoire ? Iaokanann avait parlé de sa patrie comme d'un pays rabougri d'indigence, affamé du bien d'autrui, cultivant la guerre en industrie nationale. Et ces deux princes pouvaient bien venir pour réclamer cet individu, un monsieur de génie après tout, et leur sujet, et compliquer ce prétexte, exhiber un droit des gens occidental...

Heureux encore ! et cela grâce aux inexplicables intercessions de sa fille Salomé, de n'avoir pas dérangé le bourreau de sa traditionnelle sinécure honoraire, en l'envoyant vers Iaokanann avec le Kriss sacré !

Mais, piètre alerte ! Les deux princes faisaient simplement un voyage de circumnavigation, à la recherche de colonies vaguement occupées, et n'abordaient aux Îles Blanches qu'en passant, par curiosité. Et comment donc ! c'était dans ce bout du monde que leur fameux Iaokanann finissait par se faire pendre ? La chose les avait mis en verve de détails sur les tribulations du pauvre diable déjà si peu prophète en son pays.

Ainsi le Tétrarque biberonnait son houka de midi l'air vacant, l'humeur aussi délabrée que tous les jours à cette heure culminante, – plus délabrée encore aujourd'hui dans ces bruits montants de fête nationale, pétards et orphéons, pavoisements et limonades...

Demain matin, à l'horizon pourtant si infini mais par-delà lequel vivaient sous le même soleil bien d'autres peuples, paraît-il, la galère de ces messieurs s'effacerait.

Émiettant maintenant, penché dans les syrupeuses clématites de la balustrade de faïence, des fleurs de brioche aux poissons des viviers inférieurs, Émeraude-Archetypas se répétait n'avoir plus à compter même sur les petites rentes de ses facultés à la retraite, sa vénérable carcasse décourageant décidément tous les galvaniques de l'art, de la méditation, des âmes sœurs et de l'Industrie.

Dire qu'au jour de sa naissance s'abattit pourtant sur le noir palais dynastique un remarquable orage où plusieurs personnes dignes de foi virent un éclair calligraphier *alpha* et *oméga !* Que de midis tués à soupirer sur cette tirelire mystique ! Rien de particulier ne s'était manifesté. Et puis *alpha, oméga,* c'est bien élastique.

Enfin, voici tantôt deux mois que, renonçant aux chapitres jeunes, et se battant les flancs pour retrouver un peu de cet enthousiasme de résignation au néant qui avait ascétisé sa vingtième année, il s'imposait sérieusement le régime des pèlerinages quotidiens par la nécropole, si fraîche d'ailleurs l'été, des aïeux. – L'hiver allait venir ; les cérémonies du culte de la Neige, l'investiture de son petit-fils. Et puis Salomé lui restait, qui ne voulait pas entendre parler des douceurs de l'hymen, la chère enfant !

Émeraude-Archetypas attouchait déjà un timbre pour redemander de la brioche consacrée aux poissons de luxe de juillet, quand sonna sur la dalle, derrière lui, la canne de bronze de l'Ordonnateur-des-mille-riens. Les Princes du Nord rentraient de visiter la ville ; ils attendaient le Tétrarque dans la salle des Mandarins du Palais.

II

Les dits Princes du Nord, sanglés, pommadés, gantés, chamarrés, la barbe étalée, la raie à l'occiput (mèches ramenées sur les tempes pour donner le ton aux profils des médailles), attendaient, appuyant d'une main leur casque sur la cuisse droite, de l'autre tourmentant, en un dandinement d'étalon flairant quand même et partout la poudre, la poignée de leur sabre. Ils s'entretenaient parmi les grands : le Grand Mandarin, le Grand Maître des Bibliothèques, l'Arbitre des Élégances, le Conservateur des Symboles, le Répétiteur des Gynécées et Sélections, le Pope des Neiges et l'Administrateur de la Mort, entre deux rangs de scribes maigres et rapides, le calame au côté, l'encrier au cœur.

Leurs altesses congratulèrent le Tétrarque, se félicitant eux-mêmes du bon vent qui... à pareil glorieux jour... en ces îles, – et terminèrent par l'éloge de la capitale, dont la Basilique Blanche, où ils avaient ouï un *Tœdium laudamus* à l'orgue de Barbari des Sept-Douleurs, et le Cimetière des Bêtes et des Choses n'étaient pas les moindres curiosités.

On servit une collation. Et comme les princes juraient se faire un scrupule de toucher à de la viande chez des hôtes si orthodoxes en végétarisme et ichtyophagie, la table fut à peindre, dans l'arrangement léger, parmi les cristaux, de ces quelques artichauts callipyges nageant en des gousses de fer hérissées et à charnières, asperges sur claies de joncs roses, anguilles gris-perle, gâteaux de dattes, gammes de compotes, divers vins doux.

Alors, précédés de l'Ordonnateur-des-mille-riens, le Tétrarque et son entourage se mirent en devoir de faire à leurs hôtes les honneurs du palais, du titanique palais funèbre veiné de blême.

On irait d'abord au panorama des îles vues de l'observatoire, pour descendre étage à étage par le parc, la ménagerie et l'aquarium, jusqu'aux caveaux.

Hissé là-haut, et pneumatiquement, ma foi, le cortège traversa prestement sur la pointe des pieds les appartements de Salomé, entre maint claquement de porte par où s'évanouirent deux, trois dos de négresses aux omoplates de bronze huilé. Même, au beau milieu d'une pièce lambrissée de majoliques (oh, si jaunes !) se trouvait abandonnée une énorme cuvette d'ivoire, une considérable éponge blanche, des satins trempés, une paire d'espadrilles roses (oh, si roses !). Encore, une salle de livres, puis une autre encombrée de matériaux métallothérapiques, un escalier tournant, et l'on respira à l'air supérieur de la plate-forme, – ah ! juste à temps pour voir disparaître une jeune fille mélodieusement emmousselinée d'arachnéenne jonquille à pois noirs, qui se laissa glisser, par un jeu de poulies, dans le vide, vers d'autres étages !...

Les princes, se confondant déjà en salamalecs galants sur leur intrusion, se turent court devant ce cercle d'yeux étonnés qui semblaient avouer : « Bon, bon, savez-vous, rien des choses d'ici ne nous regarde. »

Et de circuler alors en plein ciel, par menues phrases d'admiration suffoquée, autour de cette coupole d'observatoire abritant un grand équatorial de dix-huit mètres, coupole mobile, peinte à fresque imperméable, et dont la masse de cent mille kilos, flottant sur quatorze fermes d'acier dans sa cuve de chlorure de magnésium, virait en deux minutes, paraît-il, sous la simple impulsion de la main de Salomé.

À propos, s'il prenait fantaisie à ces impayables exotiques de nous jeter par-dessus bord ! pensèrent, d'un même frisson, les deux princes. Mais ils étaient plus robustes dix fois, à eux deux, dans leur uniforme collant, que cette douzaine de personnages pâles, épilés, les doigts chargés de bagues, sacerdotalement empêtrés dans leurs coruscants brocards lamés. Et ils s'amusèrent à reconnaître là-bas, au port, leur galère, pareille à quelque coléoptère au corselet de tôle fourbie.

Et on leur dénombrait les îles, archipel de cloîtres de nature, chacune avec sa caste, etc.

On redescendit par une salle des Parfums où l'Arbitre des Élégances marqua dans les présents que leurs altesses voudraient bien emporter, et ceux-ci comme tripotages occultes de Salomé : des fards sans carbonate de plomb, des poudres sans céruse ni bismuth, des régénérateurs sans cantharide, des eaux lustrales sans protochlorure de mercure, des épilatoires sans sulfure d'arsenic, des laits sans sublimé corrosif ni oxyde de plomb hydraté, des teintures vraiment végétales sans nitrate d'argent, hyposulfite de soude, sulfate de cuivre, sulfure de sodium, cyanure de potassium, acétate de plomb (est-ce possible !) et deux dames-jeannes d'essences-bouquets de printemps et d'automne.

Au bout d'un couloir humide, interminable, sentant presque le guet-apens, l'Ordonnateur ouvrit une porte verdie de mousses et de fongosités dignes d'écrins, et l'on se surprit en plein dans le grand silence de ce fameux parc suspendu – ah ! juste à temps pour voir disparaître au détour d'un sentier le frou-frou d'une jeune forme hermétiquement emmousselinée d'arachnéenne jonquille à pois noirs, escortée de molosses et de lévriers dont les abois gambadeurs, et tout sanglotants de fidélité, allèrent se perdant en lointains échos.

Oh ! toute en échos de corridors inconnus, cette solitude kilométriquement profonde d'un vert sévère, arrosée de taches de lumières, meublé uniquement de l'armée des raides pins, aux troncs nus d'un ton de chair saumoné, n'éployant que très haut, très haut, leurs poussiéreux parasols horizontaux. Les barres des rayons du soleil se posaient entre ces troncs avec la même douceur tranquille qu'entre les piliers de quelque chapelle claustrale à soupiraux grillés. Une brise de mer venait à passer dans ces futaies suprêmes, étrange rumeur lointaine d'un express dans la nuit. Puis le silence des grandes altitudes se rétablissait, étant chez lui. Tout près, oh ! quelque part, un bulbul dégorgeait des garulements distingués ; bien loin, un autre lui répondait ; comme chez eux, en leur volière séculièrement dynastique. Et on allait, supputant l'épaisseur de ce sol artificiel, feutré des feuilles mortes et des couches d'aiguilles de pin de mille antans, qui logeait ainsi à l'aise les racines de ces pins si patriarches ! Puis, des abîmes de pelouses, des dévalements bien gazonnés provoquant un rêve de kermesses faunesques ; et de stagnantes pièces d'eau où s'enlisaient d'ennui et d'ans des cygnes porteurs de boucles d'oreilles vraiment trop lourdes pour leurs cous fuselés ; et maints décamérons de statues polychromes, en rupture de piédestaux, dans des poses d'une surprenante... noblesse.

Enfin, le clos aux gazelles faisait transition, sans autre prétention d'ailleurs, entre les vergers et la Ménagerie et l'Aquarium.

Les fauves ne daignèrent point déclore leur paupière ; les éléphants se balançaient avec de rudes froufrous de crépi, mais les idées ailleurs ; les girafes, malgré la douceur café au lait de leurs robes, parurent exagérées, s'obstinant à regarder plus haut que cette cour brillante ; les singes n'interrompirent nullement les scènes d'intérieur de leur phalanstère ; les volières scintillaient assourdissantes ; les serpents n'en finissaient pas depuis une semaine de changer de peau ; et les écuries se trouvaient justement dégarnies de leurs plus belles bêtes, étalons, cavales et zèbres, prêtées à la municipalité pour une cavalcade en ce jour.

L'Aquarium ! Ah, l'Aquarium par exemple ! Arrêtons-nous ici. Comme il tournoie en silence !...

Labyrinthe de grottes en corridors à droite, à gauche avec leurs compartiments en échappées lumineuses et vitrées de patries sous-marines.

Des landes à dolmens incrustés de visqueuses joailleries, des cirques de gradins basaltiques où des crabes d'une obtuse et tâtonnante bonne humeur d'après-dîner s'empêtrent en couples avec de petits yeux rigoleurs de pince-sans-rire...

Des plaines, des plaines d'un sable fin, si fin que soulevé parfois du vent des coups de queue d'un poisson plat arrivant des lointains dans un flottement d'oriflamme de liberté, regardé qui passe et qui nous laisse et qui s'en va, par de gros yeux, çà et là à fleur de sable, et dont c'est même tout le journal.

Et la désolation de steppes occupées d'un seul arbre foudroyé et ossifié où colonisent de toutes vibrantes grappes d'hippocampes...

Et, enjambés de ponts naturels, des défilés moussus où ruminent, vautrés, les carapaçons ardoisés de limules à queue de rat, quelques-unes chavirées et se débattant, mais sans doute d'elles-mêmes ainsi pour s'étriller...

Et sous de chaotiques arcs-de-triomphe en ruines, des aiguilles de mer s'en allant comme des rubans frivoles ; et des migrations à la bonne aventure de nuclœus hirsutes, cils en houppe autour d'une matrice qui s'évente ainsi dans l'ennui des longs voyages...

Et des champs d'éponges, d'éponges en débris de poumons ; des cultures de truffes en velours orange ; et tout un cimetière de mollusques nacrés ; et ces plantations d'asperges confites et tuméfiées dans l'alcool du Silence...

Et, à perte de vue, des prairies, des prairies émaillées de blanches actinies, d'oignons gras à point, de bulbes à muqueuse violette, de bouts de tripes égarés là et, ma foi, s'y refaisant une existence, de moignons dont les antennes clignent au corail d'en face, de mille verrues sans but ; toute une flore fœtale et claustrale et vibratile, agitant l'éternel rêve d'arriver à se chuchoter un jour de mutuelles félicitations sur cet état de choses...

Oh ! encore, ce haut-plateau où, collée en ventouse, la Vigie d'un poulpe, minotaure gras et glabre de toute une région !...

Avant de sortir, le Pope des Neiges se tourne vers le cortège arrêté et parle, comme récitant une antique leçon :

« Ni jour, ni nuit, Messieurs, ni hiver, ni printemps, ni été, ni automne, et autres girouettes. Aimer, rêver, sans changer de place, au frais des imperturbables cécités. Ô monde de satisfaits, vous êtes dans la béatitude aveugle et silencieuse, et nous, nous desséchons de fringales supraterrestres. Et pourquoi les antennes de nos sens, à nous, ne sont-elles pas bornées par l'Aveugle et l'Opaque et le Silence, et flairent-elles au-delà de ce qui est de chez nous ? Et que ne savons-nous aussi nous incruster dans notre petit coin pour y cuver l'ivre-mort de notre petit Moi ?

Mais, ô villégiatures sous-marines, nous savons pour nos fringales supraterrestres deux régals de votre trempe : la face de la trop aimée qui sur l'oreiller s'est close, bandeaux plats agglutinés des sueurs dernières, bouche blessée montrant sa pâle denture dans un rayon d'aquarium de la Lune (oh, ne cueillez, ne cueillez !) – et la Lune même, ce tournesol jaune, aplati, desséché à force d'agnosticisme. (Oh, tâchez, tâchez de cueillir !) »

Ce fut donc l'Aquarium ; mais est-ce que ces princes étrangers comprirent ?

Et l'on enfila prestement et discrètement le corridor central des Gynécées, peint de scènes callipédiques, d'une mélancolie pourrie d'aromates féminins ; on n'entendait que le ruissellement d'un jet-d'eau – à gauche ? à droite ? – trempant de sa fraîcheur le filet d'une cantilène inoubliablement esclave, infortunée et stérile.

Et leur ignorance des rites du cru les exposant à commettre quelque impair funèbre, les princes traversèrent du même pas discret la nécropole tétrarchique, deux files de placards, masqués de portraits en pied, gardant des fioles et mille reliques réalistes, touchantes seulement pour la famille, on le comprendra de reste.

Mais, par exemple, ce qu'ils désiraient absolument, c'était revoir leur vieil ami Iaokanann !

On suivit donc un fonctionnaire à clef brodée traversalement à l'échine, lequel, s'arrêtant au bout d'un boyau sentant le nitre, désigna une grille qu'il fit s'abaisser, par un praticable, à hauteur d'appui ; et l'on put approcher et distinguer dans une cellule ce malheureux Européen qui se soulevait, dérangé de son à plat-ventre, le nez dans un désordre de papiers misérables.

S'entendant souhaiter un double cordial bonjour dans sa langue maternelle, Iaokanann s'était mis debout, rajustant ses grosses lunettes rafistolées de fil.

Oh ! mon Dieu, ses princes ici ! – Que de sales soirs d'hiver, ses socques buvant la boue de neige, au premier rang des pauvres diables rentrant de leur journée salariée et s'attardant un instant là, contenus par de tyranniques policiers à cheval, il les avait observés descendre empanachés des lourds carrosses de gala et monter, entre deux files de sabres au clair, le grand escalier de ce palais, de ce palais aux fenêtres *a giorno* duquel il montrait, en s'en allant, le poing, murmurant chaque fois que les « temps » étaient proches ! – Et maintenant, arrivés, ces temps ! accomplie au pays, la révolution promise ! et passé dieu, son pauvre vieux prophète Iaokanann ! et cette démarche personnelle royale, cette héroïque expédition lointaine de ses princes venant le délivrer, sans doute la touchante consécration exigée par les peuples pour sceller en lui l'avènement de la Pâque Universelle !

Automatiquement, d'abord, il salua de l'échine, à la mode de son pays, cherchant en quelle phrase mémorable, historique, certes fraternelle, mais digne aussi…

La parole lui fut *illico* rentrée par le neveu du Satrape du Nord, espèce de soudard à calvitie apoplectique, qui bafouillait à chacun et à propos de bottes que, à l'instar de Napoléon Ier, il exécrait les « idéologues » : – « Ah ! ah ! te voilà, idéologue, écrivassier, conscrit réformé, bâtard de Jean-Jacques Rousseau. C'est ici que tu es venu te faire pendre, folliculaire déclassé ! Bon débarras ! « Et que ta tignasse mal lavée aille bientôt « rejoindre dans un panier à guillotine celles de tes confrères du Bas-Bois ! oui, la conjuration du « Bas-Bois, des têtes fraîches d'hier. »

Oh ! Brutes, brutes indéracinables ! Et le complot du Bas-Bois avait échoué ! Assassinés, ses frères ! et nul ne lui en donnerait des détails humains. Fini, fini ; rien qu'à crever comme les frères sous le Talon

Constitué. Le malheureux publiciste se raidit résolument vers le silence, attendant que, tout ce beau monde parti, il pût se laisser mourir dans son coin ; deux longues larmes blanches lui coulant de dessous les lunettes le long de ses joues émaciées vers sa barbe pauvre. – Et soudain, on le vit se hausser sur ses pieds nus, les mains tendues à une apparition à qui il hoqueta les plus doux diminutifs de sa langue maternelle. On se retourna, – ah ! juste pour voir disparaître dans un tintement de clefs, sous le blafard de cet *in pace,* une jeune forme décidément emmousselinée d'arachnéenne jonquille à pois noirs...

Et Iaokanann retomba à plat-ventre sur sa litière ; et s'apercevant qu'il venait de renverser l'écritoire parmi ses paperasses, il se mit à étancher cette encre avec une tendresse enfantine.

Le cortège remonta, sans commentaire ; le neveu du Satrape du Nord tourmentant le carcan de son hausse-col, mâchant des principes.

III

Sur un mode allègre et fataliste, un orchestre aux instruments d'ivoire improvisait une petite ouverture unanime.

La cour entra, saluée du riche brouhaha de deux cents luxueux convives se levant de leurs très beaux lits. On s'arrêta un instant devant une pyramide en étagères des présents offerts au Tétrarque en ce jour. Les deux Princes du Nord se poussaient du coude, s'excitant à détacher de leur cou le collier de la Toison de Fer pour le passer à celui de leur hôte. Ni l'un ni l'autre n'osa. La nullité artistique de ce collier sautait, surtout ici, aux yeux. Et quant à sa valeur honorifique, comme ils ne voyaient rien de ce genre autour d'eux, il leur parut que les explications nécessaires pour la mettre en lumière risquaient fort de tomber à plat, à peine sur un succès d'estime.

On s'installa ; Émeraude-Archetypas présentant son fils et son petit-fils, deux superbes produits (superbes dans le sens ésotérique et blanc naturellement) emblématiquement parés.

Et alors, dans cette aérienne salle jonchée de joncs jaune jonquille, entonnellée tout autour d'assourdissante volière, un jet-d'eau central fusant percer là-haut un bariolé vélarium de caoutchouc blanc sur lequel on l'entendait retomber ensuite en belle pluie frigide et claquante, ça fit, le long de tables demi-circulaires, dix rangs de lits parés chacun selon la science du convive – et, en face, une scène d'Alcazar, merveilleusement profonde, où la fleur des baladins, jongleurs, beautés et virtuoses des Îles devait venir s'effeuiller.

Une finaude brise courait au long du vélarium bien alourdi, pourtant, de l'averse incessante du jet-d'eau.

Et les volières, heureuses de ses froissements de couleur, se turent à regret quand la musique commença à vous accompagner le repas.

Pauvre Tétrarque ! ces musiques, ce parterre de respects luxueux en ce jour pompeux le navraient au fond. Il ne touchait que du bout des dents à l'ingénieuse succession des mets, les chipotant entre ses spatules de neige durcie, s'oubliant comme un enfant, bouche bée, devant la folle frise de cirque qui évoluait sur la scène de l'Alcazar.

C'était, sur la scène de l'Alcazar :

La jeune fille serpent, fluette, visqueusement écaillée de bleu, de vert, de jaune, la poitrine et le ventre rose tendre ; elle coulait et se contournait, insatiable de contacts personnels, tout en zézayant l'hymne qui commence ainsi : « Biblis, ma sœur « Biblis, tu t'es changée en source, toi !... »

Puis une procession de costumes sacramentellement inédits, symbolisant chacun un désir humain. Quel raffinement !

Puis des intermèdes d'horizontaux cyclones de fleurs électrisées, une trombe horizontale de bouquets hors d'eux-mêmes !...

Puis des clowns musiciens portant au cœur la manivelle de réels orgues de Barbari qu'ils tournaient avec des airs de Messies qui ne se laisseront pas influencer et iront jusqu'au bout de leur apostolat.

Et trois autres clowns jouèrent l'Idée, la Volonté, l'Inconscient. L'Idée bavardait sur tout, la Volonté donnait de la tête contre les décors, et l'Inconscient faisait de grands gestes mystérieux comme un qui en sait au fond plus long qu'il n'en peut dire encore. Cette trinité avait d'ailleurs un seul et même refrain :

> *Ô Chanaan,*
> *Du bon néant !*
>
> *Néant, la Mecque*
> *Des bibliothèques !*

Elle obtint un succès de fou rire.

Puis des virtuoses du trapèze-volant, aux ellipses presque sidérales !...

Puis, on apporta un parquet de glace naturelle ; et jaillit un adolescent patineur, aux bras croisés sur les brandebourgs d'astrakan blanc de sa poitrine, qui ne s'arrêta qu'après avoir décrit toutes les combinaisons de courbes connues ; puis il valsa sur les pointes comme une ballerine ; puis il dessina en eau-forte sur la glace une cathédrale gothique flamboyant, sans vous omettre une rosace, une dentelle ! puis figura une fugue à trois parties, finit par un inextricable tourbillon de fakir possédé *del diavolo* et sortit de la scène, les pieds en l'air, patinant sur les ongles d'acier de ses mains !...

Et ce fut clos par une théorie de tableaux vivants, des nudités pudiques comme des végétaux, en graduellement eurythmiques symboles, à travers les calvaires de l'Esthétique.

On avait charroyé les calumets ; la conversation devenait générale ; Iaokanann, assurément peu gai d'entendre cette fête au-dessus de sa tête, en faisait les frais. Les Princes du Nord disaient l'autorité, armée, religion suprême, sentinelle des repos, du pain et de la concurrence internationale, s'embrouillaient et, pour couper court, citaient ce distique en manière d'épiphonème :

> *Et tout honnête homme, d'ailleurs, professe*
> *Le perfectionnement de l'Espèce.*

Les mandarins pensaient qu'il fallait atrophier, neutraliser les sources de concurrence sociale, s'enfermer par cénacles d'initiés vivotant en paix entre eux dans des murailles de la Chine, etc. etc. .

Et la musique jouant seule semblait continuer ce qu'on était trop éphémère pour formuler.

Et enfin voici qu'un silence s'élargit, comme un épervier à mailles pâles jeté aux soirs de grande pêche ; on se levait ; il paraît que c'était Salomé. Elle entra, descendant l'escalier-tournant, raide dans son fourreau de mousseline ; d'une main elle faisait signe qu'on se recouchât ; une petite lyre noire pendait à son poignet ; elle détacha du bout des doigts un baiser vers son père.

Et elle vint se poser, en face, sur l'estrade devant le rideau tiré de l'Alcazar, attendant qu'on l'eût contemplée de tout son cœur, s'amusant par contenance à vaciller sur ses pieds exsangues aux orteils écartés.

Elle ne faisait attention à personne. – Saupoudrés de pollens inconnus, ses cheveux se défaisaient en mèches plates sur les épaules, ébouriffés au front avec des fleurs jaunes, et des pailles froissées ; ses épaules nues retenaient, redressée au moyen de brassières de nacre, une roue de paon nain, en fond changeant, moire, azur, or, émeraude, halo sur lequel s'enlevait sa candide tête, tête supérieure mais cordialement insouciante de se sentir unique, le col fauché, les yeux décomposés d'expiations chatoyantes, les lèvres découvrant d'un accent circonflexe rose pâle une denture aux gencives d'un rose plus pâle encore, en un sourire des plus crucifiés.

Oh ! le céleste gentil être d'esthétiques bien comprises, la fine recluse des Îles Blanches Ésotériques !…

Hermétiquement emmousselinée d'une arachnéenne jonquille à pois noirs qui, s'agrafant çà et là de fibules diverses, laissait les bras à leur angélique nudité, formait entre les deux soupçons de seins aux amandes piquées d'un œillet, une écharpe brodée de ses dix-huit ans et, s'attachant un peu plus haut que l'adorable fossette ombilicale en une ceinture de bouillonnés d'un jaune intense et jaloux, s'adombrait d'inviolable au bassin dans l'étreinte des hanches maigres, et venait s'arrêter aux chevilles, pour remonter par derrière en deux écharpes flottant écartées, rattachées enfin aux brassières de nacre de la roue de paon nain en fond changeant, azur, moire, émeraude, or, halo à sa candide tête supérieure ; elle vacillait sur ses pieds, ses pieds exsangues, aux orteils écartés, chaussés uniquement d'un anneau aux chevilles d'où pleuvaient d'éblouissantes franges de moire jaune.

Oh, le petit Messie à matrice ! Que sa tête lui était onéreuse ! Elle ne savait que faire de ses mains, les épaules même un peu gênées. Qui pouvait bien lui avoir crucifié son sourire, la petite Immaculée-Conception ? Et décomposé le bleu de ses regards ? – Oh ! exultaient les cœurs, que sa jupe doit sentir simple ! Que l'art est long et la vie courte ! Oh, causer avec elle dans un coin, près d'un jet-d'eau, savoir non son pourquoi mais son comment, et mourir ! … mourir, à moins que…

Elle va peut-être raconter des choses, après tout ?…

Penché en avant, parmi les soyeux coussins éboulés, ses rides dilatées, ses pupilles jutant derrière les créneaux de leurs paupières dédorées, tourmentant par contenance le Sceau pendu à son cou, le Tétrarque venait de passer à un page l'ananas qu'il grignotait et sa tiare de tours.

– Recueille-toi ! recueille-toi d'abord, Idée et Galbe, ô Cariatide des îles sans histoire ! suppliait-il.

Puis, il souriait à tous, en père heureux, l'air de dire : « Vous allez voir ce que vous allez voir », mettant les princes ses hôtes au courant, de façon fort décousue, où ceux-ci comprirent que, pour faire un sort à la petite personne en question, la Lune s'était saignée aux quatre veines, et qu'on la tenait d'ailleurs généralement (il y avait eu un Concile là-dessus) pour la sœur de lait de la Voie Lactée (tout pour elle !).

Or, délicatement campée sur le pied droit, la hanche remontée, l'autre jambe infléchie en retard à la Niobide, Salomé, ayant donné cours à un petit rire toussotant, peut-être pour faire assavoir que surtout fallait pas croire qu'elle se prenait au sérieux, pinça sa lyre noire jusqu'au sang, et, de la voix sans timbre et sans sexe d'un malade qui réclame sa potion dont, au fond, il n'a jamais eu plus besoin que vous ou moi, improvisa à même :

« Que le Néant, c'est-à-dire la Vie latente qui verra le jour après-demain, au plus tôt, est estimable, absolvant, coexistant à l'Infini, limpide comme tout ! »

Se moquait-elle ? Elle continuait :

Amour ! inclusive manie de ne pas vouloir mourir absolument (piètre échappatoire !) ô faux frère, je ne te dirai pas qu'il est temps de s'expliquer. D'éternité, les choses sont les choses. Mais qu'il serait vrai de se faire des concessions mutuelles sur le terrain des cinq sens actuels, au nom de l'Inconscient !

« *Ô latitudes, altitudes, des Nébuleuses de bonne volonté aux petites méduses d'eau douce, faites-moi donc la grâce d'aller pâturer les vergers empiriques. Ô passagers de cette Terre, éminemment idem à d'incalculables autres aussi seules dans la vie en travail indéfini d'infini ! L'Essentiel actif s'aime (suivez-moi bien) s'aime dynamiquement, plus ou moins à son gré : c'est une belle âme qui se joue du biniou à jamais, ça la regarde. Soyez, vous, les passifs naturels ; entrez automatiques comme Tout, dans les Ordres de l'Harmonie Bien-Veillante ! Et vous m'en direz des nouvelles.*

« *Oui, théosophes hydrocéphales, comme douces volatiles du peuple, tous groupes quelconques de phénomènes sans garantie du gouvernement d'au-delà, redevenez des êtres atteints d'incurie, broutez-moi, au jour le jour, de saisons en saisons, ces Deltas sans sphinx, dont les angles égalent quand même deux droits. C'est là le plus bienséant, ô générations incurablement pubères ; et surtout feignez l'empêtrement dans les limbes irresponsables des virtualités que je vous ai dites. L'Inconscient* farà da se.

« *Et vous, fatals Jourdains, Ganges baptismaux, courants sidéraux insubmersibles, cosmogonies de Maman ! lavez-nous, à l'entrée, de la tache plus ou moins originelle du Systématique ; que nous soyons d'avance mâchés en charpie pour la Grande Vertu Curative (disons palliative) qui raccommode les accrocs des prairies, des épidermes, etc.* – Quia est in ea virtus dormitiva. – *Va...* »

Salomé s'arrêta court, ramenant ses cheveux poudrés de pollens inconnus ; ses soupçons de seins, si haletants que les œillets en tombèrent (faisant leurs amandes veuves). Pour se remettre, elle tira de sa noire lyre une fugue sans rapport...

– Oh ! continue, continue, dis tout ce que tu sais ! geignait Émeraude-Archetypas, battant des mains comme un enfant. Ma parole tétrarchique ! tu auras tout ce que tu voudras, l'Université, mon Sceau, le Culte des Neiges ? Inocule-nous ta grâce d'Immaculée-Conception... Je m'ennuie, nous nous ennuyons tant ! n'est-ce pas, messieurs ?

L'assistance exhalait réellement une rumeur d'inédit malaise ; des tiares titubaient. On avait honte les uns des autres, mais la faiblesse du cœur humain ! même chez une race si correcte... (voisin, tu m'as compris).

Après un sommaire abatage de théogonies, théodicées et formules de la sagesse des nations (cela du ton bref d'un chef de chœurs qui dit : « Une « mesure pour rien, n'est-ce pas ? ») Salomé reprit son garulement mystique délirant un peu, la face bientôt renversée, la pomme d'Adam sautant à faire peur – comme plus bientôt elle-même qu'un tissu arachnéen avec une âme en goutte de météore transparaissant.

Ô marées, hautbois lunaires, avenues, parterres au crépuscule, vents déclassés des novembres, rentrée des foins, vocations manquées, regards des animaux, vicissitudes ! – Mousselines jonquille à pois funèbres, yeux décomposés, sourires crucifiés, nombrils adorables, auréoles des paons, œillets chus, fugues sans rapport ! On se sentait renaître inculte, jeune au-delà, l'âme systématique s'expirant en spirales à travers des averses aux clameurs indubitablement définitives, pour le bien de la Terre, et compris de partout, palpé de Varuna, l'Air Omniversel, qui s'assurait si l'on était prêt.

Et Salomé insistait follement :

« *C'est l'état pur, vous dis-je ! Ô sectaires de la conscience, pourquoi vous étiqueter individus, c'est-à-dire indivisibles ? Soufflez sur les chardons de ces sciences dans le Levant de mes Septentrions !*

« *Est-ce une vie que s'obstiner à se mettre au courant de soi-même et du reste, en se demandant à chaque étape : Ah ça ! qui trompe-t-on ici ?*

« *Loin, les cadres, les espèces, les règnes ! Rien ne se perd, rien ne s'ajoute, tout est à tous ; et tout est apprivoisé d'avance, et sans billet de confession, à l'Enfant Prodigue (on le fera chavirer comme il faut, à demi-mot).*

« *Et ce ne seront pas expédients à expiations et rechutes ; mais les vendanges de l'Infini piétinées ; pas expérimental, mais fatal ; parce que...*

« *Vous êtes l'autre sexe, et nous sommes les petites amies d'enfance (toujours en Psychés insaisissables, il est vrai). Plongeons donc, et dès ce soir, dans l'harmonieuse mansuétude des moralités préétablies ; flottons aux dérives, le ventre florissant égaré à l'air ; dans le parfum des gaspillages et des hécatombes nécessaires ; vers le là-bas où l'on n'entendra plus battre son cœur ni le pouls de la conscience.*

« *Ça s'avance par stances, dans les salves des valves, en luxures sans césures, en surplis apâlis, qu'on abdique vers l'oblique des dérives primitives ; tout s'étire hors du Moi ! – (Peux pas dire que j'en sois).* »

La petite vocératrice jaune à pois funèbres rompit sa lyre sur son genou, et reprit sa dignité.

L'assistance intoxiquée s'essuyait les tempes par contenance. Un silence d'ineffable confusion passa.

Les Princes du Nord n'osaient tirer leur montre, encore moins demander : « À quelle heure la couche-t-on ? » Il ne devait guère être plus de six heures.

Le Tétrarque scrutait les dessins de ses coussins ; c'était fini ; la voix dure de Salomé vous le redressa vivement.

– Et maintenant, mon père, je désirerais que vous me fassiez monter chez moi, en un plat quelconque, la tête de Iaokanann. C'est dit. Je monte l'attendre.

– Mais, mon enfant, tu n'y penses pas ! cet étranger...

Mais la salle entière opina fervemment de la tiare qu'en ce jour la volonté de Salomé fût faite ; et les volières conclurent en reprenant leur scintillement assourdissant.

Émeraude-Archetypas coulait un œil de côté vers les Princes du Nord ; pas le moindre signe d'approbation ou de désapprobation. Ça ne les regardait sans doute pas.

Adjugé !

Le Tétrarque lança son Sceau à l'Administrateur de la Mort.

Déjà les convives se dispersaient, causant d'autre chose, vers le bain du soir.

IV

Accoudée au parapet de l'observatoire, Salomé, fuyeuse de fêtes nationales, écoutait la mer familière des belles nuits.

Une de ces nuits étoilées au complet ! Des éternités de zéniths de brasiers ! Oh, que de quoi s'égarer, par exemple, pour un express d'exil ! etc.

Salomé, sœur de lait de la Voie Lactée, ne sortait guère d'elle-même qu'aux étoiles.

D'après la photographie en couleur (grâce au spectre) des étoiles dites jaunes, rouges, blanches, de seizième grandeur, elle s'était fait tailler de précis diamants dont elle semait sa chevelure et toute sa beauté, et sa toilette des Nuits (mousseline violet-gros-deuil à pois d'or), pour conférer sur les terrasses, en tête à tête, avec ces vingt-quatre millions d'astres, comme un souverain met, ayant à recevoir ses pairs ou satellites, les ordres de leurs régions.

Salomé tenait en disgrâce les vulgaires cabochons de première, de deuxième grandeur, etc. Jusqu'à la quinzième grandeur, les astres n'étaient pas de son monde. D'ailleurs, les seules nébuleuses-matrices faisaient sa passion ; non les nébuleuses formées, aux disques déjà planétiformes, mais les amorphes, les perforées, les à tentacules. – Et celle d'Orion, ce pâté gazeux aux rayons maladifs, restait toujours le fleuron benjamin de sa clignotante couronne.

Ah ! chères compagnes des prairies stellaires, Salomé n'était plus la petite Salomé ! et cette nuit allait inaugurer une ère nouvelle de relations et d'étiquette !

D'abord, exorcisée de sa virginité de tissus, elle se sentait maintenant, vis-à-vis de ces nébuleuses-matrices, fécondée tout comme elles d'évolutions giratoires.

Ensuite, ce fatal sacrifice au culte (heureuse, encore, de s'en tirer à compte si discret !) l'avait obligée, pour faire disparaître l'initiateur, à l'acte (grave, on a beau dire) nommé homicide.

Enfin, pour gagner ce silence à mort de l'Initiateur, avait dû servir, encore que coupé d'eau, à ces gens contingents, l'élixir distillé dans l'angoisse de cent nuits de la trempe de celle-ci.

Allons, c'était sa vie ; elle était une spécialité, une petite spécialité.

Or là, sur un coussin, parmi les débris de la lyre d'ébène, la tête de Jean (comme jadis celle d'Orphée) brillait, enduite de phosphore, lavée, fardée, frisée, faisant rictus à ces vingt-quatre millions d'astres.

Aussitôt l'objet livré, Salomé, par acquit de conscience scientifique, avait essayé ces fameuses expériences d'après décollation, dont on parle tant ; elle s'y attendait, les passes électriques ne tirèrent de la face que grimaces sans conséquence.

Elle avait son idée, maintenant.

Mais, dire qu'elle ne baissait plus les yeux devant Orion ! Elle se raidit à fixer la mystique nébuleuse de ses pubertés, durant dix minutes : Que de nuits, que de nuits d'avenir, à qui aura le dernier mot !…

Et ces orphéons, ces pétards, là-bas, dans la ville !

Enfin, Salomé se secoua en personne raisonnable, remontant son fichu ; puis, dénicha sur elle l'opale trouble et sablée d'or gris d'Orion, la déposa dans la bouche de Jean, comme une hostie, baisa cette bouche miséricordieusement et hermétiquement, et scella cette bouche de son cachet corrosif (procédé instantané).

Elle attendit, une minute !… rien par la nuit ne faisait signe !… avec un « allons ! » mutin et agacé, elle empoigna la géniale caboche en ses petites mains de femme…

Comme elle voulait que la tête tombât en plein dans la mer sans se fracasser d'abord aux rochers des assises, elle prit quelque élan. L'épave décrivit une phosphorescente parabole suffisante. Oh ! la noble parabole ! – Mais la malheureuse petite astronome avait terriblement mal calculé son écart ! et, chavirant par-dessus le parapet, avec un cri enfin humain ! elle alla, dégringolant de roc en roc, râler, dans une pittoresque anfractuosité que lavait le flot, loin des rumeurs de la fête nationale, lacérée à nu, ses diamants sidéraux lui entrant dans les chairs, le crâne défoncé, paralysée de vertige, en somme mise à mal, agoniser une heure durant.

Et elle n'eut, pas même, le viatique d'apercevoir la phosphorescente étoile flottante de la tête de Jean, sur la mer…

Quant aux lointains du ciel, ils étaient loin…

Ainsi connut le trépas, Salomé, du moins celle des Îles Blanches Ésotériques ; moins victime des hasards illettrés que d'avoir voulu vivre dans le factice et non à la bonne franquette, à l'instar de chacun de nous.

Pan et la Syrinx

OU L'INVENTION DE LA FLUTE À SEPT TUYAUX

Sur son galoubet matinal, Pan se plaint, Pan donne cours à des doléances très personnelles, aux échos de la Vallée-du-Gazon-Diapré, en Arcadie. Tout le monde a passé par une belle matinée d'été dans une vallée folâtrement merveilleuse, tout le monde dira : « Je sais ce que c'est. » Au large bienheureusement virginal, les cataractes printanières du soleil en radieuses brumes de bonheur, en déluge mousseux d'un vin de champagne où infuserait le Soleil même, arrosent les futaies des bois et les nappes des collines et toute la vallée ! Ô milliards de prismes d'optimisme ! Ô Jeunesse, ô beauté, ô unanimité ! Oh, du soleil !...

Immortel et jeune, Pan n'a jamais aimé comme lui et moi l'entendons.

Toute la nuit, dans la vallée inondée d'un mémorable solo de lune, il s'est plaint amèrement sur son imparfait et monotone pipeau-galoubet, sur son galoubet de deux sous. Puis il a fini par s'endormir. Ses rêves lui ont encore plus vidé le cœur. À l'aube, il a étiré et déraidi ses jambes de chèvre dont les poils étaient frisés de rosée (il ne fait plus de gymnastique) ; et maintenant il est là dans les thyms, à plat-ventre et accoudé, et il a recommencé à se seriner sa détresse sur son galoubet qui n'a que quatre notes, et il est seul dans la fine solitude matinale. Que faire, quand on *aime,* sinon attendre ainsi, en plein air en essayant de s'exprimer par l'art ?...

Pan attend et chante ainsi :

L'Autre sexe ! l'Autre sexe !
Oh ! toute la petite Ève
Qui s'avance, ravie de son rôle,
Avec ses yeux illuminés
D'hyménée,
Et tous ses cheveux sur les épaules,
Dans le saint soleil qui se lève !...

Oh ! dites, dites !
La petite Ève descendant des cimes,
Avec sa chair de victime
Et son âme toute en rougeurs subites !...

Un corps, une âme
Amis d'enfance !
Toute ma femme
De naissance !

Et s'emmenant toute vive
Avec son cœur trop gros,
Le miel rose de ses gencives
Et ses deux seins craintifs comme des levrauts !...

Les brises taquinaient
Les cerises de ses boucles d'oreille
Et elle levant son petit nez,
Criant au soleil : « Eh, merveille ! »

Puis, proclamant, fièrement campée :
« Je ne suis pas un petit paon,
Je ne suis pas une poupée !
Je me suis tout échappée
Pour venir échouer sur le cœur du grand Pan !
Oh ! je suis pure comme une tulipe
Et vierge de toutes espèces de principes !
Avril ! avril !
Mon bonheur ne tient qu'à un fil ! »

Lors ! la faune et la flore Nous traçant nos devoirs Du soir à l'aurore,
Et de l'aurore au soir !

En rêve, je l'ai vue,
La petite Ève bienvenue !
Épiphanie, Épiphanie !
Mais ce n'était que mon génie.

Pan met un point et se reprend à considérer la bienheureusement virginale matinée dans toute la vallée. – Et c'est la radieuse matinée, et tout le soleil et l'universel bonheur si insaisissable ! Et voilà ; à lui de s'arranger pour être heureux, comme cette matinée s'est arrangée pour être heureuse.

C'est facile à dire. Pan se réabandonne à son galoubet imparfait mais fidèle et digne d'être appelé « mon vieux ». Il commence l'antique ballade : *Je suis dégoûté des fraises des bois,* et aussitôt s'arrête, dégoûté de la ballade elle-même.

Mais enfin ! Le thym frissonne entre ses membres, les frelons bourdonnent, les tiges d'ombelles sont bien à l'aise dans l'air charmant, les cigales commencent à cuire à petits cris, il fait heureux à perte de vue !

Et Pan, sentant qu'il a aussi sa raison d'être,
reprend plus humainement sa ritournelle d'un grand amour :

Mon corps a mal à sa belle âme,
Ma belle âme a mal à son corps,
Voilà des nuits et des nuits que je brame,
Et je ne vois rien venir encor.

Ce n'est pas sa chair qui me serait tout,
Et je ne serais pas que le grand Pan pour elle,

Mais quoi ! aller faire les fous
Dans des histoires fraternelles !...

Puis il se raisonne tout haut, en un petit aparté.

– Ô femme, femme ! toi qui fais l'humanité monomane ! Je t'aime, je t'aime ! Mais qu'est-ce mot : Je t'*aime* ? D'où vient-il et que sonne-t-il avec ses deux syllabes quelconques et si neutres ? Pour moi, voici ce que je m'ai trouvé. *Aime* ne me dit quelque chose que lorsque j'associe à ce son, et par une inspiration non fantaisiste, le son du mot britannique *aim* qui veut dire *but*. – Ah ! *but*, oui ! « Je t'*aime* » signifierait ainsi : « Je tends « vers toi, tu es mon but ! » Comme cela, à la bonne heure ! si j'y suis ! C'est du grand !

Oh ! viens-tu, tout à l'heure ?
Où aller te chercher,
Ma fragile Psyché
Que chaque instant déflore
Loin de mes bras prospères

Oh, ce sera tant toi !
Ingénieusement je t'emmènerai
Au plus profond des bois,
Là où il fait le plus frais ;
Et puis tu pourras t'étirer sur le gazon,
Après tant d'après-midi virginales,
Et t'abandonner à la belle saison
Dans l'assourdissement des cigales.

Tu verras, tu verras,
Je ne suis pas ingrat,
Et mes bras sont prospères Comme toute la terre.
Et ce n'est pas ta chair qui...

– Chut ! oh, mais, la voici ! rieuse et blanche venant dans les hautes herbes de ma prairie ! Jouons et chantons, très absorbé, pour ne pas l'effaroucher. Mon Dieu, mon dieu, qu'elle approche donc !

Je suis dégoûté des fraises des bois,
Depuis que j'ai vu en rêve
Ma petite Ève
Me sourire mais en mettant un doigt
Sur ses lèvres.

Je puis me dire dégoûté de tout mystère,
Depuis que la petite Ève maligne,
Tout en me souriant câline,
fait signe
Qu'il faut se taire !...

Mystère et sourire,
Ô mon beau navire !

> *Sourire et puis chut,*
> *Ah ! tais-toi, mon luth !*

Et ce n'est pas sa chair qui me serait tout, ma parole...

Dans la toute matinée, au saint Soleil, par l'heureuse prairie, en effet, c'est la nymphe Syrinx qui s'est avancée, imprévue, et toute vivante et en chair et en os (avec quelle jeunesse ses grands yeux le jurent !) et qui s'est arrêtée là, les regards ravis, le col penché, les bras ballants, charmée par la plainte inoffensive de Pan, et qui peu à peu s'est, ma foi, pour mieux écouter, mise à son aise, dans les jolis thyms, en face de lui, bien qu'à distance (bien qu'irréprochablement à distance).

Oh ! c'est parfaitement elle, rose et pudique, merveilleuse comme un amandier en fleur, en attendant !

Elle n'a pas honte, et sait ce qu'elle vaut, en dehors de tous étiages qu'il vous plairait. Mais avec sa forte chevelure montée en diadème très personnel, ses grands yeux élevés dans l'élévation et sa petite moue à peine rose, elle ne paraît guère pressentir qu'elle est au monde pour s'abandonner comme cela à la belle saison dans l'étourdissement des cigales.

Et cependant, malgré ses grands yeux élevés dans l'élévation et ses cheveux en diadème et sa moue si distinguée, elle est née pour en venir là, elle est outillée pour en venir là.

– Oui, se dit Pan...

– Hélas ! se dit Pan, et aux lendemains et aux surlendemains elle n'en aura pas moins ses grands yeux surhumains et tout unis et sa moue *de l'autre monde !*

Mais qu'importe ! Pan s'est, dans ses méditations, heurté à plus d'une antinomie aussi irréductible. Et aujourd'hui, malade de grand amour comme il l'est, il accepterait la Femme sans discuter.

Il a cessé de jouer ses petites machines. Il *la* regarde. Il n'ose encore parler, de peur de rompre le charme de cette apparition, imméritée après tout. Qu'il se persuade et se pénètre d'abord qu'elle est là, et que c'est du présent !

Ils se regardent. Lui, les dents serrées, les yeux tout malheureux ; elle, avec ses grands yeux tout unis et sa bouche d'enfant gâtée d'en haut, parfaitement comblée d'être, telle quelle et sans hauts ni bas.

Aussi, c'est elle qui prend sur soi de rompre le charme puisque charme il y a. Sa voix est assurément traînante et nostalgique, mais inébranlablement fraîche.

– C'était très joli, ce que vous jouiez là.

– Oh ! un galoubet de deux sous. Si j'avais une flûte plus compliquée ! J'en ferais, des choses ! Je ne douterais plus de rien !...

Elle se tait, ne demandant qu'à être intéressée, qu'à être distraite par ce beau temps.

– Je ne douterais de rien, insiste Pan ; pas même de…

– De quoi ?

– De vous faire partager mon vieil amour.

– Vraiment ?

Elle a dit ce « vraiment ? » d'un air non mondain mais élevé. Et sans baisser les yeux, elle se met à lisser les plis droits de sa courte tunique, sa courte tunique blanche légèrement serrée en taille au-dessous des tout jeunes seins et agrafée d'une fibule à l'épaule.

– Vraiment ?

– Oui, mais je sais que ce n'est pas la peine d'essayer, avec vos grands grands yeux, et cette moue, charmante d'ailleurs. Non. Et puis, ce matin, vrai, j'ai trop mal de tête. Mais merci d'être venue. Votre présence là est très reposante pour moi.

Elle se tait, les yeux tout unis : il fait si grandement beau !

Pan baisse la tête, s'amuse à déchiqueter des fleurettes, et des brins d'herbes aussi.

Il lève les yeux. Elle est toujours là, à son aise dans le thym, le considérant toujours de ses regards virginalement intelligents, de sa moue virginalement intelligente.

Non ! On ne regarde pas avec cette inimitable innocence !

– Quand aurez-vous fini ?

– Mais, quoi ?

Oh, ma foi ! elle a dit ce « Mais quoi ? » avec un tel redoublement du parfait de ses yeux et du parfait de sa moue, que Pan se tord, que Pan pousse dans la radieuse solitude matinale un sanglot, un long et unique sanglot d'amour, d'amour tout court, à la Pan !

Mais elle doit savoir d'où vient et où va ce sanglot, puisqu'elle n'en perd rien de sa perfection d'air !…

Pan qui la voyait déjà tout effrayée et tenait prêt un « oh, n'ayez pas peur ! » qui aurait enfilé la situation, se contente de dire :

– Je suis malade, si malade ! Oh, je vous entends bien ! Vous allez m'objecter, toute révoltée, que vous passiez, que vous n'êtes qu'une occasion. Qu'en savez-vous ? Et d'abord, comment passiez-vous par ici ? Vous vous taisez… Moi, je ne serais pas ingrat !… Ah, tenez, laissons cela.

Il baisse la tête et se remet à déchiqueter des brins d'herbes et des fleurettes aussi, comme un vil maniaque. Il relève les yeux : elle le regarde de toute sa beauté qui semble décidément sans but. – S'il se jetait immortellement à ses pieds pour l'étourdir ! – Mais il se contient. Arrivera ce qui doit arriver ; tout est dans Tout. Et il reprend son galoubet, son vieux biniou, d'un air de jeune homme à qui l'art suffit, à qui quelques grammes par jour suffisent.

Il roucoule chimériquement :

> *Beaux yeux illuminés*
> *D'hyménée !*
> *Âme toute en vraies rougeurs subites*
> *Chair toute ointe de fausses pistes !*
> *Ce n'est pas sa chair qui me serait tout,*
> *Et je ne serais pas que le grand Pan pour elle,*
> *Mais quoi ! aller faire les fous,*
> *Dans des histoires fraternelles !*
>
> *Avril ! Avril !* (ici un *ritardendo* à mourir)
> *Notre bonheur ne tient qu'à un fil !*
>
> *Épiphanie ! Épiphanie !*
> *Et alors, tout mon génie !*

Assez travaillé pour ce matin. Pan relève la tête. Elle est là, à sourire, comme désarmée par ce grand enfant et un peu aussi grâce à la beauté exceptionnelle de cette matinée.

Pan n'aurait qu'à répondre à ce sourire par un brave sourire ! Il croit plus à propos de hausser supérieurement les épaules et de prendre un air amateur.

– Quels yeux étonnants, ma parole, ô vous, qui que vous soyez ! Et ce visage si aminci du bas ! Et cette moue si légitime ! Rêvez-vous parfois d'être autrement, quand vous vous regardez dans le miroir des sources ?

– Mais non, puisqu'on a le visage de son âme, et que mon âme ne saurait donc concevoir plus elle-même que mon visage. C'est un cercle vicieux, je vous reconnais bien là.

– Il est heureux que vous soyez déesse : sans cela, un temps viendrait, celui de la vieillesse, où votre âme concevrait un autre visage que le sien.

– Je ne n'y avais pas songé. Vous êtes bien réaliste.

– Je suis Pan.

– Pan qui ?

– Je suis… bien peu en ce moment, mais en général je suis tout, je suis le tout s'il en fut. Comprenez-moi, c'est moi qui suis et la plainte du vent…

– Et Éole, alors ?

– Mais non, comprenez-moi ! Je suis les choses, la vie, les choses, classiquement, en un sens, Non, je ne suis, rien. Ah, je suis bien malheureux ! Si, du moins, j'avais un instrument plus riche que ce galoubet ! je vous chanterais tout ce que je suis ! Oh, je chanterais fantastiquement ! La sobriété classique me fait rire ! Des *Kyrie*, des *Gloria in excelsis,* et puis des airs gracieux et un peu vifs de mon pays natal.

– Voyez, les hommes ne peuvent jamais être clairs devant la femme ! Ils devraient faire leur déclaration en bon français, c'est-à-dire en noble et léger dialecte ionique. Non, il leur faut tout de suite la musique ! la musique si communément infinie !...

Pan se dresse furieux !

– Et vous autres ! Rien que le son de votre voix ! Vous, tenez, la seule musique de votre voix ! Est-ce plus loyal, cela ? Oh ! oh ! misère ! misère des deux côtés, en vérité !

Il se roule devant elle, dans les thyms, comme un sale Caliban, et gémit. Elle, le considère de tous ses grands yeux qui sont compatissants, compatissants avec distinction.

Pan se remet ; et d'un ton suprême :

– En somme ! Voyez, ô noble vierge, ô qui que vous soyez, vous qui avez pourtant une forme connue ! La journée s'avance et je n'ai jamais aimé. Voulez-vous vous laisser être tout pour moi, au nom de Tout ?

Un silence (temps perdu pendant lequel toute la campagne continue à être heureuse).

La nymphe Syrinx se dresse lentement de toute sa beauté. Elle dit sobrement :

– Je suis la nymphe Syrinx ; un peu naïade aussi, car mon père est le fleuve Ladon au beau torse, à la barbe fleurie. Je revenais du mont Lycée...

– Ah ! Ah ! une naïade, je vois ! Vous devez me trouver bien laid, bien Caliban, bien capricant ! Une naïade ! Une cousine du beau Narcisse, fils du fleuve Céphyse ! Peste ! Il était beau, hein, Narcisse ? et distingué !

La nymphe Syrinx se raidit, écarte une boucle de son grand front, et proclame d'une voix rude et fraîche :

– Vous vous méprenez ! Je suis une âme esthétique trempée sept fois dans l'eau glacée de la fontaine Castalie chère aux chastes Muses ; je suis la plus fidèle des compagnes de Diane...

Pan recule ! Syrinx lève les bras vers ce pur firmament où, ce soir, resplendira Hécate ; par ce geste, ses deux pâles seins, sous sa diaphane tunique, remontent et s'effacent d'autant, purs et lunaires :

– Ô Diane ! Impératrice des nuits pures ! La muqueuse de ton cœur est rude comme la langue de tes molosses. Tu sautes les fossés et parles peu. L'acier de tes regards arrête le sang rose des jeunes filles qui voudraient tout de suite s'aliter. Les plis de ta chlamyde sont d'ordre purement dorique. Quand on rentre de tes grandes chasses, on tombe comme une vile masse sur les feuilles sèches, et l'on dort sans un rêve jusqu'aux fanfares de l'aube ! En chasse ! En chasse !

Syrinx pousse un strident éclat de rire de Walkyrie et, oubliant Pan, la voilà qui prend sa course, oh, jeune course bondissante ! par la prairie et la vallée, dans la belle matinée !...

Et Pan, le cœur crevé d'une vaste tristesse primitive, la regarde qui s'en va ! et qui ne se retourne pas. Il reste là, soudain abattu et grand misérable comme à la révélation de l'état de misère et de souillure où décidément on vit. Quelle est pure, ainsi, bondissante et regardant droit devant elle ! Pauvre Pan ! Oh ! il vient de lui passer sur le cœur, d'un éclair, la révélation de la grande et légendaire douleur de Cérès parcourant toute la terre et, poudreuse et mendiante, interrogeant les bergers, cherchant sa fille Proserpine disparue un matin comme elle faisait un bouquet de fleurs des champs pour sa mère.

Amour ! Amour ! Veux-tu donc que je sèche sur place, sans un mot, sans un vers ?

Mais Pan est immortel ! Et à la pensée de ce soir, seul avec sa tristesse de génie ! oh ! à l'idée de son génie, à l'idée des sublimes discussions dans lesquelles il charmerait Diane elle-même, Pan aspire le grand air qui est à tous et s'élance à la poursuite de la précieuse fugitive ! En chasse ! en chasse !

Et la légendaire poursuite de la nymphe Syrinx par le dieu Pan dans l'Arcadie commence. Oh, quelle aventure !…

Oh, il l'aura ! Il la fera mettre à genoux au coin d'un bois, il lui dira son fait, il la fera s'abaisser à devenir son égale, et alors il pourra l'adorer de tout son bon grand cœur méconnu !

Elle est déjà loin. Elle se retourne et se voit poursuivie. Elle s'arrête un instant et fait front ; puis reprend son galop, éperdue !

– Ah, tu fuis, tu fuis ! Oh, je t'aurai ! Je te tordrai les poignets, je te broierai tes petits os de chatte, je t'apprendrai !…

Ô longue journée légendaire, tu es loin, tu ne reviendras plus !… Cela se passait en Arcadie avant la venue des Pélasges.

Le soleil est partout, les prairies sont transportantes, les oiseaux s'égosillent dans les paysages, que de buissons à noter ! Des couples de cerfs s'écartent de boire, des isards s'arrêtent de brouter perchés sur des rocs à pic, et à la lisière des bois qu'on longe les écureuils ont dans les feuilles sèches de petits bonds secs coupés de grands silences.

Oh ! quand il l'aura vaincue et mâtée, cette petite sauvage surhumaine, ils viendront errer par ici, il lui fera mal à propos de la nuance d'une feuille, il ne se vengera jamais assez !

En attendant, en chasse, en chasse ! toute la matinée !…

Syrinx gardera longtemps encore son avance, elle n'est pas épuisée d'insomnies et de fièvres, elle n'a pas perdu l'habitude de la gymnastique, elle a bien dormi et vit avec principe. Et encore, tant qu'on est en plaine, cela va ; mais quand on longe un bois, Syrinx s'amuse de temps en temps à disparaître dans les arbres de la marge, et Pan doit s'arrêter pour voir si ce n'est pas un piège, si elle ne va pas prendre à travers les bois et laisser le grand chemin.

– Oh ! je t'aurai, je t'aurai ! Mais je bouderai pendant trois jours et trois nuits. Mais, que je t'aime, que je t'aime, que tu es donc mon but ! Que ta fuite est belle ! Et que mon cœur de Caliban s'illumine à chaque minute de ta fuite, et quelles belles larmes de moi cela te vaudra, ce soir, une fois que je t'aurai pardonné !

Après des bois et des prairies et des paysages, Syrinx se trouve devant un haut talus qui se présente à pic et palissadé de ronces fleuries. Syrinx oblique et va escalader cet obstacle de côté, par une pente douce, puis revient se camper au haut en vue de Pan qui accourt tout droit. Elle le regarde venir. Et Pan, au lieu de prendre de côté comme elle, vient échouer au pied de cette muraille ravinée. Il s'arrête. Ce sera un armistice pendant lequel il va la contempler ainsi (oh ! qu'il se pénètre au moins de cette réalité présente !). Ils vont sans doute reprendre leur discussion, cela se terminera peut-être à l'amiable, au soleil de midi.

Comme elle le domine irrésistiblement, de là-haut, en cette noble pose frémissante encore ! Et toute sa chaste et fraîche personne, et sa chevelure en diadème solide, et ses grands yeux tout unis aussi vierges des insomnies que l'eau des sources l'est de l'essence de rose ! Que ses jambes sont pures et parfaites, là-haut !

– Pourquoi me poursuivez-vous ? lui crie-t-elle, d'une voix habituée à lancer et retenir les meutes de Diane.

– Parce que je vous *aime ;* vous êtes mon but ! répond-il de sa voix la plus panthéiste.

De sa voix la plus panthéiste ! Mais Syrinx, compagne de Diane, est spiritualiste, elle doit avoir ses idées sur la reproduction, etc.

– Me tenez-vous pour un animal, un petit animal classé ? Savez-vous que je suis inestimable !

– Et moi, je suis un artiste, quelqu'un d'étonnant ! Mais, au fond, mon âme est celle d'un grand pasteur, vous verrez.

– Sachez que mon orgueil de rester moi-même égale au moins ma miraculeuse beauté ! Bien que je sache, parfois, être enfant…

– Ô Syrinx ! Voyez et comprenez la Terre et la merveille de cette matinée et la circulation de la vie. Oh, vous là ! Et moi, ici ! Oh, vous ! oh, moi ! Tout est dans Tout !

– Tout est dans Tout ! Vraiment ? Ah, ces gens à formules ! Eh bien, chantez-moi d'abord ma beauté.

– Oh, oui ! C'est cela !

Elle attend de là-haut, campée, l'air indéfiniment dispos. Pan grimpe à un arbre qui est là et, vis-à-vis d'elle mais nullement à portée d'une poignée de mains, il s'assied entre deux branches, les jambes pendantes.

Il commence, la regardant dans les yeux pour tout recueillement :

– Conception bien immaculée !… Non, non ! voyez-vous, je ne trouverai pas autre chose.

– J'attends, ce ne sera qu'un jeu, allons ! Quand me direz-vous ma beauté, si ce n'est à cette heure ? Ah ! détaillez-moi, détaillez-moi ! Soyez donc bon à quelque chose, soyez mon miroir comme la conscience humaine essaie d'être celui de l'Idéal indéfini…

– Ah ! pas ainsi, mon idéal enfant ! Cela vous donnerait trop de droit à l'insaisissable ! (À pédante, pédant et demi !)

– C'est reconnaître en passant que le bonheur est dans la poursuite de l'Idéal, sans plus.

– À cela, je ne puis répondre que par une impolitesse.

– Dites.

– C'est que vous déplacez la question, le but. Vous n'êtes pas le but de ma poursuite ; sous couleur de ce but même, vous n'en êtes qu'une étape entre nous. D'ailleurs, cela revient au même, puisque tant que je ne vous sais pas, vous êtes pour moi le but même, l'Idéal. Quand je vous aurai traversée, ô étape, pourtant absolue, je verrai au-delà ! (À pédante et demie, la vérité toute entière !)

– C'est clair. Je pourrai bien vous contraindre à sécher sur pied devant l'illusion de mon domaine ou à la sauter. Mais non, je ne veux être, comme vous, qu'une victime de l'illusion mutuelle. Dites-moi au moins et d'abord la couleur de mon illusion.

– Eh bien… Conception bien immaculée… Je ferme les yeux : vos deux grands yeux étaient déjà là en âmes immortellement attentives. L'arc sacré de Diane n'est pas d'une inflexion plus définitive que l'arc de votre bouche. Oh, ne le détendez pas ! Vos grands yeux annoncent quelque chose que j'appellerai le christianisme, et vous portez haut la tête comme une qui regarde par-dessus les troupeaux des Pan pour voir si le Messie ne vient pas encore !…

Syrinx s'est assise sur le talus, ses jambes pendantes dans les ronces, ses parfaites et douces jambes aux pieds chaussés de blanches sandales. Elle s'accoude à droite, la tête dans sa main, offrant ses grands yeux nostalgiques et inexplorés.

Pan continue à balbutier ses pauvretés.

– Tout est dans Tout ! Et la petite Syrinx est un produit de la Terre. Mais non ! Est-ce que, vous aimant, je puis vous détailler votre beauté ? Attendez-moi, je vais vous rejoindre… Non ! non ! restez ! Vous êtes belle, vous êtes spontanément parfaite !

Vos organes respirent le prix de l'immortalité naturelle ! Nous galoperons en fiançailles perpétuelles dans les ronces des monts ! Oh, que vous devez être belle en chasse !

– En chasse ! En chasse ! clame Syrinx qui, divinisée à cet appel, a sauté sur pieds et reprend son galop vers la journée ! en poussant des clameurs de Walkyrie !

> *Hoyotoho !*
> *Heiaha !*
> *Hahei ! Heiaho ! Hoyohei !*

C'est à recommencer. Avant de descendre de son piteux arbre, Pan doit observer quelle direction la belle va prendre. Puis, il lui faut revenir, escalader ce talus de côté par la pente douce. Mais l'indignation l'anime d'une primitive ardeur ! Caliban se réveille ! Il pousse de rauques abois de pauvre ours incompris et qu'on a fait trop jongler ! La petite en ses bonds divins a de l'avance, mais ce n'est plus qu'une affaire de temps !

Et la légendaire poursuite de la nymphe Syrinx par le dieu Pan continue dans l'accablante après-midi qui finira bien par se fondre en soir…

Elle est femme, c'est sûr maintenant ! Il l'aura, il l'aura ! Ce sera là-bas, au sommet de cette colline bleuâtre, au plus ; ou bien, tout au creux de la vallée d'après, et il lui fera peur au fond d'un antre qu'il sait et où l'on glisse dans des humidités. Tout est Tout, et il la forcera bien à crier *A diti !* Après tout, c'est bien lui qui finira par demander pardon, mais n'importe ! Oh ! Diane, avec son discobole pâle, peut se lever ce soir, elle en verra de belles ! Ce n'est pas pour rien que tout est dans Tout !

On traverse de grands bois de pins en solitudes kilométriquement claustrales où il fait sombre depuis le commencement du monde quand Dieu dit : « Que la lumière soit ! » Et la divine enfant emplit par bonds ces grandioses corridors d'intraitables clameurs :

> *Hoyotoho !*
> *Heiaha !*
> *Hahei ! Heiaho ! Hoyohei !*

– Ô appels de gloire et de bonheur ! Oh, comme elle m'a compris ! En chasse, en chasse ! Oh ! maintenant, je te comprends, tu ne veux être heureuse qu'aux abois et les pieds en sang ! Oh, va, j'étancherai le sang de tes pieds héroïques et laverai tes membres purs et parfaits et te bercerai toute la nuit en chantonnant *Aditi !* Au haut de la colline bleuâtre, nous allumerons les feux du soir. Et ce sera pour toujours et pour tous les jours ! Et tout l'Olympe parlera du génie de Pan et de ses amours si nouvelles, si pleines d'un caractère moderne. Oh, qu'elle sera précieuse dans l'automne qui vient et dans la chute des feuilles que nul n'a comprise encore ! Oh, il faut que, pour cette saison, je perfectionne mon galoubet et qu'il chante enfin aux premières neiges la chose qu'est la chose ! *Hoyotoho !* fuis, fuis, va toujours ! Le soir ne tombe pas encore.

Et pour laisser sa fiancée respirer un peu, Pan, arrivé au haut d'un coteau dominant une nouvelle plaine, fait halte. La fiancée se retourne un instant, s'étonne. En a-t-il assez ? Veut-il renoncer à ce jeu ? Elle n'a pas confiance, elle repart ! *Hoyotoho !* le soir ne tombe pas encore.

Il y a, à un point de la plaine, l'éblouissant carré de marbre blanc d'un tombeau. Syrinx s'y arrête une minute, se penche comme pour y sentir une fleur, puis pousse un *Heiaha !* ricanant et reprend sa belle fuite en bonds divins !...

Heiaha ! donc ! Pan dévale le coteau et reprend les bonds également divins de sa poursuite !...

Il s'arrête à son tour un instant à ce tombeau de marbre blanc. Il se penche comme l'objet de sa poursuite, il n'y a pas de fleur à sentir, mais cette inscription à méditer :

ET IN ARCADIA EGO

« Et moi aussi, je vivais en Arcadie ! »

– Pauvres mortels, que de raisons ils ont de s'aimer, eux !

Mais Pan et Syrinx sont immortels, rien ne presse.

La plaine jusqu'à la colline bleuâtre s'étend, vaste comme une après-midi qui finira bien par se fondre dans le soir. Les *Hoyotoho !* et les *Heiaha !* se font rares. Quelle plaine !...

Quelle plaine !...

Quelle plaine !...

Et peu à peu, car tout marche, le soleil décline. La pauvre nymphe sent venir le crépuscule qui tisse les invisibles mailles de ses filets. Syrinx perd du terrain ; et la bleuâtre colline à gravir sera bientôt là, palissadée d'atroces ronces sans doute. Oh ! dans les ronces, les ronces, elle rampera tant qu'elle pourra, et sera toute en sang, et lui fera pitié !...

– Elle faiblit, elle faiblit ! Elle ne veut pas s'abandonner ! Elle me prend pour un luxurieux Caliban. Oh, j'étancherai agenouillé le sang de tes pieds !

– Oh ! je vais toucher ses cheveux, et passer à plusieurs reprises le doigt sur son bras délicat, et faire qu'elle s'occupe de moi ! Je saurai la prendre par la douceur et quelques considérations fatalistes. Il faudra aussi que je m'occupe du dîner. Oh, je vais la confondre par maintes petites prévenances contradictoires... Il faudra qu'elle en pleure et me sanglote des pardons infinis !

Voici l'heure du berger...

Le soleil fait ses adieux, ou plutôt dit au revoir, sans mines hypertrophiques (c'était le bon temps !). Les paysages commencent à frissonner et s'alanguir de tardives tendresses.

Le peuplier frémit, arbre si distingué qui choisit son heure ! Et le saule pleureur pleure sur le rembrunissement sans raison du miroir de ses eaux. Les collines et les lointains s'assombrissent d'inquiète solitude. Les rainettes vont commencer à chanter, et les étoiles ne tarderont pas, les étoiles ne sauraient tarder. Il n'y manque que l'*Angélus*. (Autres temps, autres mœurs.) Mais, ô crépuscule ! Innocence et fraternité à la grâce de Dieu ! Ô reposoirs, n'est-ce pas ! que l'Inconnu reste chez lui, et paix sur la terre aux couples de bonne volonté !

Ô gerbes *d'un passé*, pays soi-disant natal, fausses convalescences ! Tout à l'heure, ce sera la nuit, et le ver-luisant fera son œuvre, et le hibou dira son mot.

Mais, Dieu merci, on y voit clair encore, et la jeune femme tient toujours et se jure d'escalader la colline prochaine, si peu que cela doive retarder la scission de sa vie en deux.

Elle connaît ce crépuscule qui étrangle les *Heiaha !* dans la gorge. Elle sait que lorsque le filet du soir a été jeté, il ne faut ensuite rien moins que le clair de lune d'Artémis-Vigie pour nettoyer par l'inondation toute cette ambulance. Elle va, elle va ! Elle arrive à la colline…

– Ô crépuscule, tu ne me touches pas, tu ne me toucheras jamais ! la volupté positive ne saurait filtrer dans le ciboire de mon être ! – Mais qu'est-ce qui a chuchoté là ?…

Ah ! et hélas ! trois fois hélas ! ce qui chuchote là c'est une traîtresse de rivière, derrière ces roseaux, vague et profonde et qui défend le pied de la colline. C'est de l'eau vague dans le soir…

Syrinx écarte les roseaux et voit la rivière, large et silencieusement mortuaire ! Et Pan arrive ! L'homme est là, ivre de nuit !

Il est là ; Syrinx se retourne et lève vers lui la main ! Il s'arrête à distance. Qu'elle est belle dans le soir ainsi ! Que croire ?…

– Voulez-vous m'oublier ?

– Oh ! pardon, pardon ! Vous voyez que je n'y suis pour rien. Mais, vous oublier ! Je vous aime, vous êtes mon but, je suis moi, et le soir tombe ! Laissez, je me charge de tout vous expliquer. Oh ! qu'est-ce qui vous dégoûte donc en moi ? Oh ! foyer contre foyer ! Quoi, ne respires-tu pas cette nuit d'été par tous tes organes libres ? Ô nuit d'été, maladie inconnue, que tu nous fais mal ! Je ne sens plus que nous, moi ! Ô riche nuit d'été, je me rappelle, maintenant, les enivrants récits que me faisait Bacchus de sa conquête de l'Inde ! Je me souviens, et ne puis m'arracher de Delphes ! Oh, furie de la flûte grêle crevant l'orage sulfureux de la fin du jour des vendanges et appelant les averses lustrales ! Thyrses, et chevelures emmêlées ! Mystères de Cérès, mystères et kermesses, et fosse-commune ! Astarté ! Astaroth ! Derceto ! Adonaï ! En rond dans la prairie déjà tiède de danses, avec tous les pensionnats des Sulamites, au charivari de toutes les flûtes salamboennes ! Tout est dans Tout !

– N'approchez pas ! Ce que je respire, moi, c'est la jalouse et nostalgique admiration des êtres et des choses heureux, pour celle qui passe, qui passe seule et bien conservée, et va vers le clair de lune des monts et dont les amours n'ont pas de lendemains, mais seulement des veilles !

– Certes, vous êtes parfaite ainsi et cette armure vous va comme un gant. Mais, pour l'automne qui vient, pauvre chérie ? Ton cœur ne respirera-t-il pas la mortalité des paysages jusqu'à en tousser du fond du cœur ?

– Je me blottirai dans un terrier que nous avons en Hyrcanie et n'en sortirai *Hoyotoho !* que pour me rassasier *Hoyohei !* à travers la manne sereine de la tombée des neiges !

– Oui, sans doute, l'automne est encore loin ; reviendra-t-il, même ? Mais, que la présente nuit d'été est pleine ! Ô Syrinx, je ne puis m'en aller comme cela ! Je ne puis t'oublier après ce jour, ô consolatrice de mon génie trop tout ! Oh, tout est dans Tout, pourtant ! Et vous ne me ferez pas croire que vous êtes au-dessus ?... Voyez, déjà, ces éclairs de chaleur !... Astarté ! Adonaï ! Dieu le veut !

– *Hoyotoho !* ne m'approchez pas ! *Heiaha ! Heiaha !* Au secours !... Enfant, comment ne vois-tu pas que la volupté c'est le désir, que le bonheur c'est passer et faire envie aux couples atterrés de bonheur ?

– Eh bien, soit, je mourrai ; moi qui vous aurais si bien soignée ! Ma folie est divine, certes ! mais pas autant que le prix de votre volonté. Pardon, pardon, je mourrai en douceur. Je rendrai l'âme dans mon élémentaire et primitif galoubet de deux sous en chantant l'exil dont votre vision m'honora.

– Vous voyez bien, vous-même ; il n'y a que l'art ; l'art, c'est le désir perpétué…

Ah, pour le coup, elle a dit cela d'un ton si équivoquement charitable, que Pan n'hésite plus, ne saurait plus hésiter ! Tête baissée, les bras ouverts, il s'avance résolument sur elle ! Elle, faible femme justement seule digne de ce nom et traquée et prise ainsi dans l'indifférence des beaux soirs !

Dans un suprême éclat d'inhumanité, de toute l'immortelle virginité de ses yeux en face, Syrinx retient encore Pan une seconde, elle clame un dernier *Hoyotoho !* et alors se jette dans le léger rideau des roseaux et se laisse aller dans les eaux !

Et le génial amoureux qui a bondi, n'étreint entre ses bras sincères que le panache des roseaux tout sec ! Il les écarte, et regarde, et voit la belle enfant sauvée qu'ont reçue, si blanche en leurs bras blancs, les naïades silencieuses qui l'entraînent en lignes silencieuses !

Ces ébats d'une minute ont ridé à peine les moires crépusculaires de la rivière lente et mortuaire sous le beau ciel du soir.

Cela c'est fait sans un mot. C'est fini.

Et c'est le soir, le soir qui ne porte pas conseil.

Oh, là-bas, en face au ras de l'eau, est-ce encore sa tête adorée qui regarde encore immobile, ou simplement un bouquet de lys d'eau qui jouit dans son genre ?

C'est fini, la rivière s'endort.

Ce fut une vraie vierge et assurément un signe de temps nouveaux.

Alors, Pan, sans se décider à quitter des yeux ce tombeau de son rêve contradictoire, à cette révélation de temps nouveaux auxquels son génie ne va peut-être pas suffire, se met à soupirer un « oh ! » d'une mélancolie si adorablement jeune ! Ah, un « oh ! » si désintéressé après toute cette journée, un « oh ! » si inviolablement inconsolable et méconnu, si innocemment unique ! Oh, ça a été si bien heureusement un de ces « oh ! » comme on n'en entendra plus, quoi qu'apportent tous les temps nouveaux, que voici qu'une voix de musique s'élève, s'est exhalée de ce bouquet de lys d'eau, en face, et glisse sur la rivière mortuaire et dit : « Ô brises, « allons, tenez, remettez-lui mon âme. »

Et certaine brise glisse qui vient exécuter des choses en froufrous alisés dans le rideau des roseaux aux hautes tiges creuses, aux longues soyeuses feuilles, aux panaches chanteurs.

Des choses, cette brise d'âme dans les roseaux ! Pan dresse ses oreilles pointues.

Ô frisselis alisé, baisers d'ailes, paraphes de rumeurs, éventails pulvérisant en chœur un jet-d'eau au fond des parcs d'Armide, mouchoirs de fées froissés, le silence qui rêve tout haut, éponge passée sur toute poésie !…

Et cela chuchote miséricordieusement : « Vite, vite, ami, c'est son âme qui passe en ces roseaux que tu tiens ! »

Pan comprime à deux mains son cœur plus divin que jamais ; il essuie une larme, jette son antique pipeau dans le tombeau de la rivière et, par une inspiration universelle, sans hésiter, sans se gratter l'oreille ni tirer sa barbiche pointue, il donne l'accolade à ces roseaux enchantés, puis en coupe trois tiges dont il fait sept tuyaux de longueurs décroissantes qu'il creuse, vide de leur moelle, perce de trous et lie ensemble avec deux joncs.

Et c'est bel et bien une flûte et des plus nouvelles !

Pan y promène ses lèvres desséchées d'espoir de baisers et, ce qu'il tire de cette flûte, c'est une miraculeuse gamme d'ère nouvelle disant naïvement son bonheur de flûte, son bonheur de venir au monde par cette belle soirée de l'Âge Pastoral !…

Pan, riant à travers ses larmes, tourne et retourne, entre ses gros doigts de Caliban, la flûte nouvelle, la flûte à sept tuyaux, la divine Syrinx.

– Oh ! merci, merci ! Sept tuyaux !

Mais il fait déjà noir, le bouquet de lys d'eau en face s'est effacé.

Pan s'assied dans les roseaux, prélude et reprélude, et presse ce joujou sur son cœur, et l'effleure de ses grosses lèvres. Puis il se recueille.

La nuit est tombée. On ne voit plus que la solitude de la campagne, on n'entend plus que la fraîcheur de la rivière. Ô nuit mémorablement attentive, allons !

Pan commence : « Ô mon hymne, développe-toi sur toi-même et non en avant, ainsi que le devra la conscience terrestre si elle ne veut rompre le charme et fermer à jamais les beaux yeux de Maïa la Confortable ! »

Et c'est d'abord des trilles funambules, lanciments, spasmodiques, dévergondés, qui jappent, puis s'épuisent et expirent en un pieux rosaire de guéri.

Alors s'élève une note isolée et tenue, calme comme un aérostat au-dessus de la foule des badauds.

Et c'est le chant, en kilomètres, pâle comme une romance de relevailles, soudain interrompu d'une lourde gamme comme une cloche dégringolant d'échafaudages trop hâtifs, puis démailloté et se développant en guirlande autour d'un piédestal attendant sa statue qui ne viendra heureusement jamais, au grand jamais.

Et alors, pêle-mêle : introïts remontant au déluge, kyriés en caravanes sans eau, offertoires dans le marasme, oraisons morfondues et tombées bien bas, litanies trop faciles, magnificats entrant dans des détails, misérérés écumants, et stabat autour d'une crèche, autour d'une citerne où se mire Diane-la-Lune.

Pan s'essuie les lèvres du revers de la main, pose un instant sa flûte et se parle.

– Je suis tout seul : ma chanson est monotone, car je ne sais qu'aimer, et ma fiancée s'en étant allée, je ne sais que gémir jusqu'à nouvel ordre. Oh ! que cette journée a passé ! Ô Syrinx, t'ai-je rêvée ? – Je me la rappelle minute à minute, et mot à mot, et sa façon de regarder, et le degré d'inclinaison de son cou et le son de sa voix, et cependant je ne l'ai pas vue et ne l'ai pas entendue ! Et c'est encore une fois que je n'aurai pas eu la présence d'esprit de me pénétrer du fait de la présence des choses ! J'aurais pu la dévisager pour toujours et l'écouter pour jamais et prendre sa formule sur le vif ! Au lieu de cela, j'ai pensé, à quoi ? à tout ? Et c'est passé. Oh ! que je suis donc incurablement en Tout. Que je suis insouciant ! Oh ! qui jettera un pont entre mon cœur et le présent ! Si elle m'avait laissé une mèche de ses cheveux que je pourrais me tenir sur les lèvres jusqu'à l'évidence.

Il reprend sa flûte à sept tuyaux, sa flûte talisman, âme de Syrinx sur ses lèvres. Et, comme dans un si beau soir de l'Âge Pastoral, il est permis de se répéter, c'est encore Stabat, Stabat autour d'une citerne où se mire Diane-la-Lune.

Il lève les yeux ; la Lune, la voilà ! Glorieuse et palpable, rondement aveuglante, qui monte à l'horizon mélancolique et pur au-dessus d'une ligne noire de collines.

Pan bouscule son Stabat et se met à fulminer une imprécation contre Diane :

« *Hoyotoho !* là-haut ! Ô Lune, égide de glace, couleur de camphre !

« Ô Diane, ta divinité me laisse froid : je n'ai rien à voir dans tes vices de conformation.

« Et pourquoi vas-tu vêtue d'un sexe ? Quelle honte de conserver ces inutiles organes d'impureté ! Ou bien, quelle chasteté peu immortelle qui a besoin, pour tenir bon, de s'attirer par ces appâts le spectacle répugnant et réconfortant du mâle mis hors de lui, du mâle ilote !

« Et d'où te vient cette divinité ? D'un grand amour enterré ou impossible ? Mais non ! Jamais tu n'as rêvé de notre sexe, de notre sexe si légitime ! Non, tu as été élevée dans les forêts, et les grandes chasses en toute saison, et les rudes soies des sangliers, et le sang et les abois, et les douches des fontaines au fond des bois. Tu es un homme, un homme sublime et pâle, un planteur à pauvres esclaves blanches, et tu fouailles cruellement tes compagnes en chasse, et, par des incantations inavouables, tu leur cautérises leur pauvre sexe au fond des forêts claustrales. Oh ! va, je sais tout ! Je ne suis pas un halluciné. Tout est dans Tout et j'en suis la brave sentinelle empirique ! »

Mais la Lune reste là, rondement aveuglante, seule dans tout le ciel…

Et Pan, qui grelotte la fièvre, en tombe à des rêves, à des Mille et une Nuits d'abjection, dans le vent du soir qui flâne, qui flâne charriant les haleines de tous les coins, les bêlements de tous les bercails, les soupirs de toutes les girouettes, les aromates de tous les pansements, les frous-frous de toutes les écharpes perdues aux ronces des grands chemins.

Ô enchantement lunaire ! Climat extatique ! Est-ce bien sûr ? Est-ce l'Annonciation ? N'est-ce que l'histoire d'un soir d'été ?

Et Pan, bondissant comme un fou, sans avoir dit adieu à la rivière morte, et pressant sa flûte nouvelle contre son flanc blessé, repart au galop dans l'enchantement lunaire vers sa vallée, piloté par la Lune, à la bonne aventure ! Heureusement, et désormais, il lui suffit, dans ces vilaines heures, de tirer une gamme nostalgique de sa Syrinx à sept tuyaux, pour se remettre, la tête haute, les yeux larges et tout unis, vers l'Idéal, notre maître à tous.

Persée et Andromède

OU LE PLUS HEUREUX DES TROIS

I

Ô patrie monotone et imméritée !...

L'île seule, en jaunes grises dunes ; sous des ciels migrateurs ; et puis partout la mer bornant la vue, les cris et l'espérance et la mélancolie.

La mer ! de quelque côté qu'on la surveille, des heures et des heures, à quelque moment qu'on la surprenne : toujours elle-même, jamais en défaut, toujours seule, empire de l'insociable, grande histoire qui se fait, cataclysme mal digéré ; – comme si l'état liquide où nous la voyons n'était qu'une déchéance ! Et les jours où elle se met à secouer cet état (liquide) ! Et ceux plus intolérables où elle prend des tons de plaie qui n'a nulle face de sa trempe à mirer, qui n'a personne ! La mer, toujours la mer sans un instant de défaillance ! Bref, pas l'étoffe d'une amie (Oh, vraiment ! renoncer à cette idée, et même à l'espoir de partager ses rancunes après confidences, si seul à seul qu'on soit depuis des temps avec elle).

Ô patrie monotone et imméritée !... Quand donc tout cela finira-t-il ? – Eh quoi ! en fait d'infini : l'espace monopolisé par la seule mer indifféremment illimitée, le temps exprimé par les seuls ciels en traversées indifférentes de saisons avec migrations d'oiseaux gris, criards et inapprivoisables ! – Eh que comprenons-nous à tout cela, que pouvons-nous à toute cette bouderie brouillée et ineffable ? Autant mourir tout de suite alors, ayant reçu un bon cœur sentimental de naissance.

La mer, cette après-midi, est quelconque, vert-sombre à perte de vue ; moutonnement à perte de vue d'innombrables écumes si blanches s'allument, s'éteignant, se rallumant, comme un innombrable troupeau de brebis qui nagent, et se noient, et reparaissent, et jamais n'arrivent, et se laisseront surprendre par la nuit. Et par là-dessus, les ébats des quatre vents, leurs ébats pour l'amour de l'art, pour le plaisir de tuer cette après-midi à fouetter, en poussières qui s'irisent, les crêtes d'écume. Oh ! qu'un rayon de soleil passe et c'est sur le dos des vagues la caresse d'un arc-en-ciel comme une riche dorade qui a monté un instant et aussitôt replonge, stupidement méfiante.

Et c'est tout. Ô patrie imméritée et monotone !...

Jusque dans la petite anse aux deux grottes feutrées de duvets d'eider et de pâles litières de goémons, la vaste et monotone mer vient panteler et ruisseler. Mais sa plainte ne couvre pas les petits gémissements, les petits gémissements aigus et rauques d'Andromède qui, là, à plat-ventre et accoudée face à l'horizon, scrute sans y penser le mécanisme des flots, des flots naissant et mourant à perte de vue. Andromède gémit sur elle-même. Elle gémit ; mais soudain elle s'avise que sa plainte fait chorus avec celles de la mer et du vent, deux êtres insociables, deux puissants compères qui ne la regardent nullement. Elle s'arrête sèchement ; et puis cherche autour d'elle à quoi se prendre. Elle appelle :

– Monstre !…

– Bébé ?…

– Eh ! Monstre !…

– Bébé ?…

– Que fais-tu encore là ?

Le Monstre-Dragon, accroupi à l'entrée de sa grotte, l'arrière-train à demi dans l'eau, se retourne, en faisant chatoyer son échine riche de toutes les joailleries des Golcondes sous-marines, soulève avec compassion ses paupières frangées de cartilagineuses passementeries multicolores, découvre deux grosses prunelles d'un glauque aqueux, et dit (d'une voix d'homme distingué qui a eu des malheurs) :

– Tu le vois, Bébé, je concasse et polis des galets pour ta fronde ; nous aurons encore des passages d'oiseaux avant le coucher du soleil.

– Cesse, ce bruit me fait mal. Et je ne veux plus tuer les oiseaux qui passent. Oh ! qu'ils passent, et revoient leurs pays. – Ô vols migrateurs qui passez sans me voir, ô hordes des flots toujours arrivant pour mourir sans rien m'amener, que je m'ennuie ! Ah ! je suis bien malade, cette fois-ci…

– Monstre ?…

– Bébé ?

– Dis, pourquoi tu ne m'apportes plus de pierreries, depuis quelque temps ? Qu'est-ce que je t'ai fait, dis, mon oncle ?

Le Monstre hausse somptueusement les épaules, gratte le sable à sa droite, soulève un galet et prend une poignée de perles roses et d'anémones cristallisées, qu'il tenait en réserve pour un caprice, il les dépose sous le joli nez d'Andromède. Andromède, toujours à plat-ventre accoudée, soupire sans se déranger :

– Et si je les refuse avec dureté, avec une inexplicable dureté ?

Le Monstre reprend son trésor et l'envoie sombrer vers les natales Golcondes sous-marines.

Alors Andromède se roule dans le sable, et gémit, ramenant ses cheveux sur son visage dans un désordre pathétique :

– Oh ! mes perles roses, mes anémones cristallisées ! Oh ! J'en mourrai, j'en mourrai ! Et ce sera ta faute. Ah ! tu ne connais pas l'Irréparable !

Mais elle se calme tout aussitôt, et vient, rampante, s'étaler, selon sa câlinerie familière, sous le menton du Monstre, dont elle entoure le cou, le cou visqueusement violacé, de ses bras blancs. Le Monstre hausse somptueusement les épaules et, toujours bon, se met à sécréter du musc sauvage de tous les points où il sent passer ces petits bras de chair, ces petits bras de la chère enfant, qui soupire bientôt encore :

– Ô Monstre, ô Dragon, tu dis que tu m'aimes et tu ne peux rien pour moi. Tu vois que je dépéris d'ennui et tu n'y peux rien. Comme je t'aimerais si tu pouvais me guérir, faire quelque chose !...

– Ô noble Andromède, fille du roi d'Éthiopie ! le Dragon malgré lui, le pauvre monstre ne peut te répondre que par un cercle vicieux : – Je ne te guérirai que lorsque tu m'aimeras, car c'est en m'aimant que tu me guériras.

– Toujours le même rébus fatidique ! Mais, quand je te dis que je t'aime bien !

– Je ne le sens pas plus que toi. Mais laissons cela ; je ne suis encore qu'un pauvre monstre de Dragon, un infortuné Catoblepas.

– Si du moins tu voulais me prendre sur ton dos, et me transporter dans des pays où l'on trouve de la société. (Ah, je voudrais tant me lancer dans le monde !) Arrivés là, je te donnerai bien un vrai petit baiser pour ta peine.

– Je t'ai déjà dit que c'est impossible. Ici doivent se dénouer nos destinées.

– Oh ! dis, dis, qu'en sais-tu ?

– Je n'en sais pas plus que toi, ô noble Andromède aux cheveux roux.

– Nos destinées, nos destinées ! Mais je vieillis chaque jour, moi ! Oh, ça ne peut plus durer comme ça !

– Veux-tu que nous fassions une petite partie en mer ?

– Ah ! je les connais, vos petites parties en mer. Il serait temps de trouver autre chose.

Andromède se rejette à plat-ventre dans le sable, qu'elle griffe et laboure le long de ses deux flancs légitimement affamés, et puis recommence ses petits gémissements aigus et rauques.

Le Monstre croit à propos de prendre la voix de fausset de cette pauvre enfant qui mue, pour railler ses doléances romanesques et il commence d'un ton détaché :

– *Pyrame et Thisbé.* Il était une fois...

– Non ! non ! pas d'histoires mortes, ou je me tue !

– Enfin, voyons, qu'est-ce que cela ? Il faut se secouer ! Va à la pêche, à la chasse, assemble des rimes, joue de la conque aux quatre points cardinaux, renouvelle ta collection de coquillages ; ou, tiens, grave des symboles sur des pierres récalcitrantes (c'est ça qui fait passer le temps !)...

– Je ne peux pas, je ne peux pas ; je n'ai plus goût à rien, je te dis.

– Tiens, tiens ! Bébé ! regarde là-haut. Oh ! veux-tu ta fronde ?

C'était depuis le matin la troisième bande d'oiseaux migrateurs d'automne ; leur triangle passait d'une même palpitation réglée, sans traînards. Ils passaient, et ce soir ils seraient bien loin…

– Oh ! aller où ils vont ! Aimer, aimer !… crie la pauvre Andromède.

Et la petite possédée est sur pied d'un saut, et hurlante dans les rafales, et par galops bondissants, disparaît à travers les dunes grises de l'île.

Le Monstre sourit débonnairement, et se remet à polir ses galets ; – tel le sage Spinoza devait polir ses verres de lunettes.

II

Comme un petit animal blessé, Andromède galope, galope du galop grêle d'un échassier dans un pays d'étangs ; plus affolée encore d'avoir à rejeter sans cesse ses longs cheveux roux que le vent lui plaque dans les yeux et la bouche. Où va-t-elle ainsi, ô puberté, puberté ! par le vent et les dunes, avec ces abois de blessée ?

Andromède ! Andromède !

Ses pieds parfaits dans des espadrilles de lichen, un collier de coraux bruts enfilés d'une fibre d'algue au cou, irréprochablement nue, nue et inflexible, elle a poussé ainsi, dans les galops, les rafales, les soleils, les baignades, la belle étoile.

Elle n'a pas la face et les mains plus ou moins blanches que le reste du corps ; toute sa petite personne, à la chevelure roux soyeux tombant jusqu'aux genoux, est du même ton terre-cuite lavé. (Oh, ces bonds ! ces bonds !) Tout armature et tout ressort et toute hâlée, cette puberté sauvageonne, avec ses jambes étrangement longues et fines, ses hanches droites et fières s'amincissant en taille juste au-dessous des seins, une poitrine enfantine, deux soupçons de seins, si insuffisants que la respiration au galop les soulève à peine (et quand et comment auraient-ils pu se former, toujours à aller ainsi contre le vent, le vent salé du large et contre les douches furieusement glacées des vagues ?) et ce long cou, et cette petite tête de bébé, toute hagarde dans sa toison rousse, avec ses yeux tantôt perçants comme ceux des oiseaux de mer, tantôt ternes comme les eaux quotidiennes. Bref une jeune fille accomplie. Oh ! ces bonds, ces bonds ! et ces abois de petite blessée qui a la vie dure ! Elle a poussé ainsi, vous dis-je, nue et inflexible et hâlée, avec sa toison rousse, dans les galops, les rafales, les soleils, les baignades, la belle étoile.

Mais où va-t-elle ainsi, ô puberté, puberté ?

Tout au bout, en promontoire, voici une singulière falaise ; Andromède l'escalade par un labyrinthe de rampes naturelles. De l'étroite plateforme, elle domine l'île et la solitude mouvante qui isole l'île. Au milieu de cette plateforme les pluies ont creusé une cuvette, Andromède l'a pavée de galets d'ivoire noir et y entretient une eau pure ; et c'est là son miroir, depuis un printemps, et son unique secret au monde.

Pour la troisième fois aujourd'hui, elle revient s'y mirer. Elle ne s'y sourit pas, elle boude, elle cherche à approfondir le sérieux de ses yeux, et ses yeux ne se départent pas de leur profondeur. Mais sa bouche ! Elle ne se lasse pas d'adorer l'innocente éclosion de sa bouche. Oh ! qui comprendra jamais sa bouche ?

– Comme j'ai l'air mystérieuse tout de même ! songe-t-elle.

Et puis elle prend tous les airs.

– Et puis voilà, c'est moi ni plus ni moins ; c'est à prendre ou à laisser.

Et puis elle songe comme elle est sans distinction au fond !

Mais elle revient à ses yeux. Ah ! ses yeux sont beaux, touchants, et bien à elle. Elle ne se lasse pas de faire leur connaissance ; elle resterait là à les interroger jusqu'aux dernières lueurs du jour. Ah ! qu'ont-ils donc à se tenir si infinis ainsi ? Ou, que n'est-elle un autre, pour passer sa vie à les épier, à rêver de leur secret, sans faire du bruit !…

Mais elle a beau se mirer ! Tout comme elle-même, son visage attend toujours, sérieux et lointain.

Alors elle se prend à sa rousse toison, elle essaye vingt combinaisons de coiffures, mais qui n'aboutissent qu'à des choses trop surchargées pour sa petite tête.

Et voici venir des nuées pluvieuses, qui vont troubler son miroir. Elle a là, sous une pierre, une peau de poisson séchée, qui lui sert de lime à ongles. Elle s'assied et fait ses ongles. Les nuées arrivent, les nuées crèvent dans une grande rumeur de déluge. Andromède dégringole la falaise, et reprend son galop vers la mer, et piaule dans l'averse :

> *Ah ! qu'il fût un remède*
> *Au bobo d'Andromède !*
> *Hissaô !*
> *Au bobo.*

Des larmes lui ruissellent sur sa poitrine enfantine, tant cet air est triste. Et l'averse est déjà loin et le vent ébouriffe ses cheveux, et tout est rafales…

> *Hissaô !*
> *Puisque nul ne m'vient en aide,*
> *Je vais me fiche à l'eau !*
> *Hissaô !*

Mais c'est une baignade, elle court prendre une simple baignade. D'ailleurs, au moment de piquer son plongeon, elle se détourne. Se baigner, encore et toujours ! Elle est si lasse de jouer avec ses sœurs vulgairement

91

potelées les vagues, dont elle connaît à satiété la peau et les manières. Et la voilà qui s'étale sur le dos dans le sable trempé, les bras en croix, face aux flots déferlants. C'est bien mieux ainsi, elle n'a qu'à attendre un bon paquet d'eau. Après un va-et-vient de menaces, une volute cabrée accourt, et lui saute dessus. Les yeux clos, Andromède la reçoit ferme, avec un long sanglot d'égorgée, et se tord à retenir de tous ses membres ce mouvant oreiller glacé qui s'écoule, et ne lui laisse rien entre les bras…

Elle s'assied, hébétée, regarde ses chairs piteuses et ruisselantes, épluche sa toison des brins d'algues que cette douche y a emmêlées.

Et puis elle se jette décidément à l'eau ; elle bat les flots comme d'un moulin, plonge, et remonte, et souffle, et fait la planche ; une nouvelle bordée de vagues arrive, et voilà la petite possédée qui, d'abord bousculée, fait des sauts de carpe, veut enfourcher ces crêtes ! Elle en attrape une par la crinière, et la chevauche, un instant, avec des abois cruels ; une autre accourt en traître qui la désarçonne, mais elle se raccroche à une autre. Et puis toutes se dérobent trop vite sous elle, ne sachant pas attendre. Mais, la mer qui se pique au jeu, devient intenable ; alors Andromède fait l'épave, elle se laisse échouer échevelée sur le sable, elle rampe hors d'atteinte du flot, et reste là, un peu enfoncée dans le sable mouvant, à plat-ventre.

Et voici une nouvelle nappe d'averses qui passe sur l'île. Andromède ne bouge pas ; et toute gémissante sous la grande rumeur diluvienne, elle reçoit l'averse, la glapissante averse, qui rigole dans la ravine de son dos et fait des bulles. Elle sent le sable détrempé céder peu à peu sous elle, et elle se tord pour enfoncer davantage. (Oh ! que je sois submergée, que je sois enterrée vivante !)

Mais les nuées de déluge s'en vont comme elles étaient venues, la rumeur s'éloigne, c'est la solitude atlantique de l'île.

Andromède s'assied, et regarde l'horizon, l'horizon qui s'éclaircit sans rien d'insolite. Que faire ? Quand le vent a bien essuyé son pauvre être, elle court escalader de nouveau, un peu épuisée, sa falaise en promontoire, où du moins quelqu'un d'intelligent, son miroir l'attend.

Mais la vilaine pluie a troublé la pureté de son triste miroir.

Andromède se détourne, elle va éclater en sanglots, mais voici un grand oiseau de mer qui arrive à pleines voiles, comme droit vers l'île, vers la falaise, pour elle peut-être ! Elle pousse un long piaulement d'appel, et s'affaisse contre le roc, les bras en croix, et ferme les yeux. Oh ! que cet oiseau fonde sur sa petite personne prométhéenne exposée là par des dieux, et, perché sur ses genoux, commence d'un bec implacablement salutaire, à lui retirer le brûlant noyau de son bobo.

Mais elle sent le vol du grand oiseau qui passe ; elle rouvre les yeux, il est déjà loin, préoccupé de charognes autrement intéressantes sans doute.

Pauvre Andromède, on voit qu'elle ne sait par où prendre son être pour l'exorciser.

Que faire ? sinon recontempler la mer si bornée et cependant si seule ouverte à l'espérance… Et encore, que son tourment à elle est petite fille, en face de cette solitude à perte de vue ! D'une lame, la mer peut l'assouvir à mort ; mais elle, petite chair grêle, apaiser et réchauffer la mer ! Ah ! elle aurait beau étendre le bras… Et puis d'ailleurs, qu'elle est lasse ! Autrefois elle galopait tout le jour dans son domaine, maintenant les palpitations de cœur… Encore un de ces grands oiseaux de mer qui passe. Elle voudrait tant en adopter un, le bercer ! Aucun ne fait halte sur l'île. Il faut les tuer à coup de fronde pour les voir de près.

Bercer, être bercée, la mer ne berce pas assez obligeamment.

Le vent est tombé, et c'est les accalmies, et l'horizon qui fait table rase mélancolique pour la cérémonie du couchant.

Bercer, être bercée !… Et la petite tête lasse d'Andromède s'emplit de rythmes maternels ; et lui revient le seul rythme humain qu'elle ait, la légende *La Vérité sur le cas de Tout*, petit poème sacré dont le Dragon, son gardien, a bercé son enfance.

« *Au commencement était l'Amour, loi organisatrice universelle, inconsciente, infaillible. Et c'est, immanente aux tourbillons solidaires des phénomènes, l'aspiration infinie à l'Idéal.*

Le Soleil en est pour la Terre la clef de voûte, le Réservoir, la Source.

C'est pourquoi le matin et le printemps sont de bonheur, pourquoi le crépuscule et l'automne sont de mort. (Mais comme rien n'est plus chatouilleux aux organismes supérieurs que se sentir mourir tout en sachant qu'il n'en sera rien, le crépuscule et l'automne, le drame du soleil et de la mort sont esthétiques par excellence).

« *L'impulsion d'Idéal est donnée depuis toujours « et depuis toujours, dans l'espace infini, va s'objectivant en innombrables mondes qui se forment, ont leur évolution organique aussi élevée que le permettent leurs éléments, et puis se désagrègent pour de nouvelles éclosions de laboratoires.*

L'inconscient initial, lui, n'a à s'occuper que de monter plus haut, il a ses travaux particuliers qu'il surveille sur quelques mondes plus vivaces, plus sérieux ; rien ne saurait le distraire de son rêve de demain.

Et les planètes qui n'ont pas assez de fonds pour servir, après avoir parcouru l'évolution « déjà acquise à l'Inconscient, servir de laboratoire à l'Être de demain, l'Inconscient ne s'en occupe pas ; leurs petites évolutions se font fatalement, par suite de l'impulsion donnée, comme autant d'épreuves idem et négligeables d'un cliché acquis et archiconnu.

Et donc, de même que l'évolution fatale humaine, dans le sein de la mère, est une miniature réflexe de toute l'évolution terrestre, l'évolution terrestre n'est qu'une miniature réflexe de la Grande Évolution Inconsciente dans le Temps.

Autre part, autre part, dans l'espace infini, l'Inconscient est plus avancé ! Quelles fêtes !...

La Terre, dût-elle donner encore des supérieurs à l'Homme, n'est qu'une épreuve idem et négligeable d'un cliché d'apprentissage.

Mais la bonne Terre descendue du Soleil, nous est tout, parce que nous avons cinq sens, et que toute la Terre y répond. Ô succulences, émerveillements plastiques, senteurs, rumeurs, étonnements à perte de vue, Amour ! Ô vie à moi !

L'Homme n'est qu'un insecte sous les cieux ; mais qu'il se respecte, et il est bien Dieu. Un spasme de la créature vaut toute la nature. »

Ainsi psalmodie maussadement Andromède devant encore un soir qui tombe ; et ce n'est que la douceur des leçons apprises. Ah ! elle s'étire et gémit

Ah ! elle s'étirera et gémira jusques à quand ?...

Et elle dit, à haute et intelligible voix dans la solitude atlantique de son île :

– Oui, mais quand je ne sais quel sixième sens inconnu veut éclore, et que rien, rien n'y répond ! Ah ! – Le fond de tout cela c'est que je suis bien seule, et bien à part, et que je ne sais trop comment tout cela finira.

Elle caresse ses bras, puis, exaspérée, grince des dents, et se griffe, et se balafre doucement avec un éclat de silex qui s'est trouvé là.

– Je ne puis pourtant pas m'ôter la vie pour voir, ô dieux !...

Elle pleure.

– Non, non ! On me délaisse trop ! Maintenant on aurait beau venir me chercher, m'emmener ; je garderai rancune toute ma vie, je garderai toujours un peu rancune.

III

Encore un soir qui tombe, un couchant qui va faire le beau ; bilan classique ! bilan plus que classique !...

Andromède rejette sa toison rousse, et reprend le chemin de la maison.

Le Monstre ne vient pas à sa rencontre. Qu'est-ce que cela veut dire ? Le Monstre n'est plus là ! Elle appelle :

– Monstre ! Monstre !...

Pas de réponse. Elle sonne de la conque. Rien. Elle revient à la falaise qui domine l'île, et sonne et appelle, mon Dieu !... Personne. Elle revient à la maison.

– Monstre ! Monstre !... – Ô désastre ! S'il avait plongé à jamais sous l'eau, s'il était parti me laissant seule, sous prétexte que je l'ai trop tourmenté, que je lui faisais la vie impossible !...

Oh ! l'île dans le soir qui tombe lui apparaît extraordinairement, impossiblement perdue ! Elle se jette sur le sable devant sa grotte, et gémit longuement, gémit qu'elle veut se laisser mourir, qu'elle devait s'y attendre...

Quand elle se relève, le Monstre est là, dans sa vase coutumière, occupé à percer de trous une de ces conques dont il lui fait des ocarinas.

– Tiens, vous voilà, dit-elle. Je vous croyais parti.

– Je n'ai garde. Tant que je vivrai, je serai votre geôlier sans peur et sans reproche.

– Vous dites ?

– Je dis que tant que je vivrai...

– C'est bon, c'est bon ; on sait.

Silence et horizon ; l'horizon des mers est tout déblayé pour le couchant.

– Si nous jouions aux dames, soupire Andromède, visiblement énervée.

– Jouons aux dames.

Un damier de mosaïques noires et blanches est incrusté au seuil de la grotte. Mais à peine la partie est commencée qu'Andromède, visiblement énervée, la bouscule.

– C'est impossible, je perdrais ; je suis tout le temps ailleurs. Ce n'est pas ma faute. Je suis visiblement énervée.

Silence et horizon ! Après toutes les folies de cette après-midi, l'air est dans l'accalmie et se recueille devant la retraite classique de l'Astre.

L'Astre !...

Là-bas, à l'horizon miroitant où les sirènes retiennent leur respiration,
Les échafaudages du couchant montent ;
De phares en phares, s'étagent des maçonneries de théâtre ;
Les artificiers donnent le dernier coup de main ;
Une série de lunes d'or s'épanouissent, comme les embouchures de buccins rangés dont des phalanges de hérauts annonciateurs fulmineraient !
L'abattoir est prêt, les tentures se carguent ;
Sur des litières de diadèmes, et des moissons de lanternes vénitiennes, et des purées et des gerbes,
Endiguées par des barrages de similor déjà au pillage,
L'Astre-Pacha,
Son Éminence Rouge,
En simarre de débâcles,
Descend, mortellement triomphal,

95

Durant des minutes, par la Sublime Porte !…

Et le voilà qui gît sur le flanc, tout marbré de stigmates atrabilaires.

Vite, quelqu'un pousse du pied cette citrouille crevée, et alors !…

Adieu paniers, vendanges sont faites !…

Les rangées de buccins s'abaissent, les remparts s'écroulent, avec leurs phares de carafes prismatiques ! Des cymbales volent, les courtisans trébuchent dans les étendards, les tentes sont repliées, l'armée lève le camp, emportant dans une panique les basiliques occidentales, les pressoirs, les idoles, les ballots, les vestales, les bureaux, les ambulances, les estrades des orphéons, tous les accessoires officiels.

Et ils s'effacent dans un poudroiement d'or rose.

Ah, bref, tout s'est passé à merveille !…

– Fabuleux, fabuleux ! bave, d'extase, le Monstre-Taciturne, et ses grosses prunelles aqueuses sont encore illuminées des derniers reflets occidentaux.

– Adieu paniers, vendanges sont faites ! soupire crépusculairement Andromède, dont la toison rousse paraît bien pauvre après ces incendies.

– Plus qu'à allumer les feux du soir, souper, et bénir la lune, avant de s'aller coucher, pour s'éveiller demain et recommencer une journée pareille.

Allons, silence et horizon prêt pour la mortuaire Lune, – quand ! Oh ! bénis soient les dieux qui envoient, juste au moment voulu, un troisième personnage.

Il arrive comme une fusée, le héros de diamant sur un Pégase de neige dont les ailes teintes de couchants frémissent, et nettement réfléchi dans l'immense miroir mélancolique de l'atlantique des beaux soirs !…

Plus de doute, c'est Persée !

Andromède suffoquée de palpitations de jeune fille, accourt se blottir sous le menton du Monstre.

Et de grosses larmes viennent aux cils du Monstre, comme des girandoles à des balustrades. Il parle d'une voix que nous ne lui connaissions pas du tout :

– Andromède, ô noble Andromède, rassure-toi, c'est Persée. C'est Persée, fils de Danaé d'Argos et de Jupiter changé en pluie d'or. Il va me tuer et t'emmener.

– Mais non, il ne te tuera pas !

– Il me tuera.

– Il ne te tuera pas s'il m'aime.

– Il ne peut t'emmener qu'en me tuant.

– Mais non, on s'entendra. On s'entend toujours. Je vous arrangerai ça.

Andromède s'est levée de sa place familière et regarde.

– Andromède, Andromède ! songe au prix de ta chair unique, au prix de ton âme fraîche, une mésalliance est si vite consommée !

Mais est-ce qu'elle entend ! La face en avant, les coudes au corps, les doigts crispés aux hanches, elle se tient sur la rive, toute brave et féminine, encore.

Miraculeux et plein de chic, Persée approche, les ailes de son hippogriffe battent plus lentement ; – et plus il approche, plus Andromède se sent provinciale, et ne sait que faire de ses bras tout charmants.

Arrivé à quelques mètres devant Andromède, l'hippogriffe, bien stylé, s'arrête, ploie les genoux au ras des flots, tout en se soutenant d'un rose frémissement d'ailes ; et Persée s'incline. Andromède baisse la tête. C'est donc là son fiancé. Quel va être le son de sa voix, et son premier mot ?

Mais le voilà qui repart sans un mot et, ayant pris du champ, s'élance et se met à décrire des ovales en passant et repassant devant elle, caracolant au ras de la mer miraculeusement miroir, rétrécissant de plus en plus ses orbes vers Andromède, comme pour donner à cette petite vierge le temps de l'admirer et de le désirer. Singulier spectacle, en vérité !…

Cette fois il a passé si près, lui souriant, qu'elle aurait pu le toucher !

Persée monte en amazone, croisant coquettement ses pieds aux sandales de byssus ; à l'arçon de sa selle pend un miroir ; il est imberbe, sa bouche rose et souriante peut être qualifiée de grenade ouverte, le creux de sa poitrine est laqué d'une rose, ses bras sont tatoués d'un cœur percé d'une flèche, il a un lys peint sur le gras des mollets ; il porte un monocle d'émeraude, nombre de bagues et de bracelets ; de son baudrier doré pend une petite épée à poignée de nacre.

Persée est coiffé du casque de Pluton qui rend invisible, il a les ailes et les talonnières de Mercure et le divin bouclier de Minerve, à sa ceinture ballotte la tête de la Gorgone Méduse dont la seule vue changea en montagne le géant Atlas, comme on sait, et son hippogriffe est le Pégase que montait Bellerophon quand il tua la Chimère. Ce jeune héros a l'air fameusement sûr de son affaire.

Ce jeune héros arrête son hippogriffe devant Andromède et, sans cesser de sourire de sa bouche de grenade ouverte, il se met à exécuter des moulinets de son épée adamantine.

Andromède ne bouge pas, prête à pleurer d'incertitude, semblant n'attendre plus que le son de voix de ce personnage pour s'abandonner au sort.

Le Monstre se tient coi à l'écart.

D'un gracieux mouvement, Persée fait virer sa monture qui, sans troubler le miroir de l'eau, vient s'agenouiller devant Andromède en présentant le flanc ; le jeune chevalier noue ses mains en étrier et, les inclinant devant la jeune captive, dit avec un grasseyement incurablement affecté :

– Allez, hop ! à Cythère !…

Ah, il faut bien en finir ; Andromède va poser son rude pied dans ce délicat étrier, elle se retourne pour dire d'un signe adieu au Monstre. – Ah ! mais celui-ci vient de plonger entre eux, sous l'hippogriffe, et reparaît cabré, ses deux pattes en arrêt, montrant l'antre violacé de sa gueule qui darde une lancette de flamme ! L'hippogriffe s'effare, Persée recule, pour prendre du champ, et pousse des exclamations fanfaronnes. Le Monstre l'attend, Persée se précipite, et aussitôt s'arrête :

– Ah ! je ne te ferai pas le plaisir de te tuer devant elle, crie-t-il ; heureusement les dieux justes ont mis plus d'une corde à mon arc. Je vais te… méduser !

Le petit chéri des dieux décroche de sa ceinture la tête de la Gorgone.

Sciée au cou, la célèbre tête est vivante, mais vivante d'une vie stagnante et empoisonnée, toute noire d'apoplexie rentrée, ses yeux blancs et injectés restant fixes, et fixe son rictus de décapitée, rien ne remuant d'elle que sa chevelure de vipères.

Persée l'empoigne par cette chevelure dont les nœuds bleus jaspés d'or lui font de nouveaux bracelets et la présente au Dragon, en criant à Andromède :

– Vous, baissez les yeux !

Mais, ô prodige ! le charme n'opère pas.

Il ne veut pas opérer, le charme !

Par un effort inouï, en effet, la Gorgone a fermé ses yeux pétrificateurs.

La bonne Gorgone a reconnu notre Monstre. Elle se rappelle les temps riches et pleins de brises où elle et ses deux sœurs voisinaient avec ce Dragon, alors gardien du jardin des Hespérides, du merveilleux jardin des Hespérides situé aux environs des Colonnes d'Hercule. Non, non, mille fois non, elle ne pétrifiera pas son vieil ami !

Persée attend toujours, le bras tendu, ne s'apercevant de rien. Le contraste est un peu trop grotesque entre le geste brave et magistral qu'il a pris ainsi et le raté de la chose ; et la sauvage petite Andromède n'a pu retenir un certain sourire ; un certain sourire que Persée surprend ! Le héros s'étonne, qu'a donc sa bonne tête de Méduse ? Et bien que son casque, au fond, le rende invisible, ce n'est pas sans crainte qu'il se hasarde à regarder la face de la Gorgone, pour s'assurer de ce qui arrive là. C'est fort simple, le charme pétrificateur n'a pas opéré, parce que la Gorgone a fermé les yeux.

Furieux, Persée remet la tête en place, brandit son épée avec un ricanement vainqueur, et, serrant bien le divin bouclier de Minerve contre son cœur, il pique des deux (oh ! tandis que justement là-bas la pleine lune se lève sur le miraculeux miroir atlantique !) et fond sur le Dragon, pauvre masse sans ailes. Il le cerne par des voltiges éblouissantes, il le pique à gauche, il le pique à droite, et enfin l'accule dans une anfractuosité, et là, lu enfonce si merveilleusement son épée au milieu du front, que le pauvre Dragon s'affaisse et, expirant, n'a que le temps de râler :

– Adieu, noble Andromède ; je t'aimais, et avec avenir si tu avais voulu ; adieu, tu y penseras souvent.

Le Monstre est mort. Mais Persée est trop excité malgré l'infaillibilité de sa victoire, et il faut qu'il s'acharne sur le défunt ! et le larde de balafres ! et lui crève les yeux ! et le massacre, jusqu'à ce que Andromède l'arrête.

– Assez, assez ; vous voyez bien qu'il est mort.

Persée remet son épée au baudrier, ramène les boucles blondes de sa chevelure, avale une pastille et, descendant de sa monture, dont il flatte le col :

– Et maintenant, ma toute belle ! dit-il d'une voix sirotée.

Andromède, toujours là irréprochablement et inflexiblement nue avec ses yeux noirs de mouette, demande :

– Vous m'aimez, vous m'aimez vraiment ?

– Si je vous aime ? Mais je vous adore ! Mais la vie sans vous me semble insupportable et pleine de ténèbres ! Si je t'aime, mais regarde-toi donc !

Et il lui tend son miroir, mais Andromède, l'air au comble de la surprise, repousse doucement cet article. Il n'y prend garde, et se hâte d'ajouter :

– Ah ! par exemple, il faudra que nous nous fassions belle !

Il ôte un de ses colliers, un collier de monnaies d'or (souvenir des noces de sa mère) et veut le lui passer au cou. Elle le repousse doucement, mais il profite de son geste pour lui prendre à deux mains la taille. Le petit animal blessé se réveille ! Andromède pousse un cri, le cri des mouettes aux plus mauvais jours, un cri qui retentit dans l'île déjà toute obscure :

– Ne me touchez pas !… – Oh ! pardon, pardon, mais en vérité tout ceci s'est fait si vite ! Je vous en prie, laissez-moi encore un peu seule errer dans ces lieux, dire un dernier adieu…

Elle se détourne pour étreindre d'un geste l'île, et sa chère falaise où la nuit descend, la nuit sérieuse, oh ! sérieuse pour la vie ! si sérieuse et insaisissable qu'Andromède s'en détourne tout aussitôt vers celui qui vient l'arracher à son passé, vers son va-tout. Et voilà qu'elle le surprend ! Il bâillait ! un élégant bâillement qu'il veut achever en sourire de grenade ouverte.

Ô nuit sur l'île du passé ! Monstre lâchement tué, Monstre sans sépulture ! Pays trop élégants de demain… Andromède n'a qu'un cri :

– Allez-vous en ! allez-vous en ! Vous me faites horreur ! J'aime mieux mourir seule, allez-vous-en, vous vous êtes trompé d'adresse.

– Ah bien, en voilà des manières ! Ma petite, sachez que mes pareils ne se font pas dire deux fois de pareils ordres. Vous n'êtes déjà pas d'une peau si soignée.

Il exécute un moulinet de son épée adamantine, se remet en selle, et file dans l'enchantement du lever de lune, sans se retourner ; on l'entend roucouler une tyrolienne ; il file comme un météore, il s'efface vers les pays élégants et faciles…

Ô nuit sur la pauvre île quotidienne !… Quel rêve !…

Andromède reste là, tête basse, hébétée devant l'horizon, l'horizon magique dont elle n'a pas voulu, dont elle n'a pas pu vouloir, ô dieux qui lui avez donné ce grand cœur !

Elle va au Monstre, qui gît toujours dans son coin, inanimé, violet et flasque, pauvre, pauvre. C'était bien la peine, en vérité !…

Comme autrefois, elle vient s'étaler sous son menton, maintenant mort et qu'elle doit soulever et lui entoure le cou de ses petits bras. Il est encore tout tiède. Curieuse, de l'index elle lui soulève une paupière, la paupière découvre un globe crevé et retombe. Elle écarte les mèches de la crinière et compte les trous saignants qu'a faits la vilaine épée de diamant. Et des larmes de passé et d'avenir, des larmes de silence lui coulent. Que la vie était encore belle avec lui dans cette île ! Et tout en lui passant machinalement la main dans les cils, elle se souvient. Elle se souvient comme il lui fut un bon ami, gentleman accompli, savant industrieux, poète disert. Et son petit cœur crève en sanglots, et elle se tord sous le menton inerte du Monstre méconnu, et l'étreint par le cou, et l'adjure trop tard.

– Oh ! pauvre, pauvre Monstre ! Que ne me disais-tu tout d'avance ? Tu ne serais pas mort, là, par ce vilain héros d'opéra-comique. Et moi toute seule dans la nuit ! Nous aurions encore de beaux jours. Tu devais bien voir que ce n'était chez moi qu'une crise passagère, cette langueur et cette curiosité fatale. Oh, curiosité trois fois funeste ! Oh ! J'ai tué mon ami, j'ai tué mon unique ami ! Mon père nourricier, mon précepteur. De quelles lamentations pourrais-je faire retentir ces rivages insensibles, maintenant ? Noble Monstre, son dernier mot a été pour moi : – Adieu Andromède, je t'aimais et avec avenir si tu avais voulu ! – Oh ! comme je comprends maintenant le sérieux de ta grande âme ! et tes silences et tes après-midi et tout ! Trop tard, trop tard ! Mais sans doute ainsi en avaient ordonné les dieux. Ô dieux de justice, prenez la moitié de la vie d'Andromède, prenez la moitié de ma vie et rendez-moi la sienne, afin que je l'aime et le serve désormais avec fidélité et gentillesse. Ô dieux, faites cela pour moi, vous qui lisez dans mon cœur et savez combien, au fond, je l'aimais, encore qu'aveuglée par de passagères lubies de croissance, et n'ai jamais aimé que lui, et l'aimerai toujours !

Et la noble Andromède promène l'adorable éclosion de sa bouche sur les paupières closes du Dragon. Et soudain se recule !...

Car voici qu'à ces paroles fatidiques, à ces baisers rédempteurs, le Monstre tressaille, ouvre les yeux, pleure en silence et la regarde... Et puis il parle :

– Noble Andromède, merci. Les temps d'épreuve sont accomplis. Je renais, et je vais renaître correctement pour t'aimer, et qu'il n'y ait ni mot ni minute pour nommer ton bonheur. Mais apprends qui je suis, et quel fut mon destin. J'étais de la race maudite de Cadmus vouée aux Furies ! Je prêchais la dérision de l'être et le divin du néant dans les bosquets de l'Arcadie. Pour me punir, les dieux de vie me changèrent en Dragon, me condamnant à garder, sous cette forme, les trésors de la terre, jusqu'à ce qu'une vierge m'aimât, moi Monstre, pour moi-même. Dragon à trois têtes, j'ai longtemps gardé d'abord les pommes d'or du jardin des Hespérides ; Hercule vint et m'égorgea. Puis je passai en Colchide, où devait aborder la Toison d'Or. Sur le bélier à toison d'or arrivaient Phryxus de Thèbes et sa sœur Hellé. Un oracle m'avait fait entendre qu'Hellé serait la vierge promise. Mais elle se noya en voyage, et donna son nom au détroit d'Hellespont. (J'ai su depuis qu'elle n'était pas très jolie.) Et vinrent alors ces étranges Argonautes, comme on n'en reverra plus !... Époques splendides ! Jason était leur chef, Hercule suivait, et son ami Thésée, et Orphée qui se faisait fort de me charmer avec sa lyre (et qui devait avoir plus tard une fin si tragique !) et aussi les deux Gémeaux, Castor dompteur de chevaux et Pollux habile au pugilat. Époques évanouies !... Oh ! leurs bivouacs, et les feux qu'ils allumaient aux soirs ! – Enfin je fus égorgé devant cette Toison d'Or du Saint-Graal grâce aux philtres de Médée qui brûlait d'un amour insensé pour le somptueux Jason. Et les cycles recommencèrent ; et j'ai connu Étéocle et Polynice, et la pieuse Antigone, et les perfectionnements de l'armement mettant fin aux temps héroïques. Et enfin l'étrange et accablante Éthiopie, et ton père et toi, ô noble Andromède, Andromède plus belle que toutes, à qui je dois de pouvoir te rendre si heureuse qu'il n'y aura ni mot ni minute pour nommer ton bonheur.

En achevant ces mots mirifiques, le Dragon, sans crier gare ! s'est changé en un jeune homme accompli. Accoudé à l'entrée de la grotte, sa peau humaine inondée des enchantements du clair de lune, il parle d'avenir.

Andromède n'ose le reconnaître et, se détournant un peu, sourit dans le vide, avec un de ces rayonnements de tristesse qui annoncent chez elle d'inexplicables coups de tête (car son âme est toujours si vite accablée).

Mais il faut bien vivre, et vivre cette vie, quelque grands yeux étonnés qu'elle vous fasse ouvrir à chaque tournant de route.